O PRINCÍPIO DO CONTRADITÓRIO
NO PROCESSO DE EXECUÇÃO

SÉRIE ESPECIALIZAÇÃO EM
PROCESSO CIVIL

Projeto editorial
Livraria do Advogado Ltda.
Curso de Especialização em Direito Processual Civil
(Pontifícia Universidade Católica do Rio Grande do Sul)

Comissão editorial
Prof. Ovídio A. Baptista da Silva
Prof. Sergio Gilberto Porto
Prof. Fábio Luiz Gomes

K96p   Kuhn, João Lacê
O princípio do contraditório no processo de execução /
João Lacê Kuhn. — Porto Alegre: Livraria do Advogado,
1998.
139 p.; 14x21 cm. — (Série Especialização em Processo
Civil; 3)

ISBN 85-7348-088-2

1. Processo de execução: Contraditório. I. Título.

CDU 347.952

Índice para catálogo sistemático

Processo de execução: Contraditório

(Bibliotecária responsável: Marta Roberto, CRB 10/652)

SÉRIE ESPECIALIZAÇÃO EM PROCESSO CIVIL

João Lacê Kuhn

3

O PRINCÍPIO DO CONTRADITÓRIO NO
PROCESSO DE EXECUÇÃO

livraria
DO ADVOGADO
editora

1998

© João Lacê Kuhn, 1998

Capa, projeto gráfico e diagramação
Livraria do Advogado / Valmor Bortoloti

Revisão
Rosane Marques Borba

Direitos desta edição reservados por
Livraria do Advogado Ltda.
Rua Riachuelo, 1338
90010-273 Porto Alegre RS
fone/fax: (051) 225-3311
E-mail: livadv@vanet.com.br
Internet: www.liv-advogado.com.br

Impresso no Brasil / Printed in Brazil

Agradecimento especial ao meu pai,
em *memória*, pelo incentivo e pelo exemplo
de dedicação, honestidade e trabalho.

Prefácio

Na condição de Coordenador do Curso de Pós-graduação em Direito Processual Civil, nível de especialização, da Faculdade de Direito da Pontifícia Universidade Católica do Rio Grande do Sul, cumpre-me, nesta grata oportunidade, além de aprensentar ao público João Lacê Kuhn, operoso advogado e dedicado estudioso do Direito, autor deste excelente ensaio apresentado como dissertação de conclusão de curso, o qual vem qualificar ainda mais a série "Especialização em Processo Civil", mantida pela Livraria do Advogado Editora, destacar a oportunidade da matéria aqui debatida.

Realmente, não poderia ser mais feliz a escolha do tema enfrentado neste ensaio, eis que o autor, com invulgar talento e oportuna objetividade, afirma a presença do princípio do contraditório no processo de execução, a partir de uma singela, contudo, precisa observação, qual seja a de que o contraditório por ser princípio constitucional está presente também no processo executivo.

Nesta esteira aponta as razões determinantes da presença de tal garantia na tutela executiva, muito embora observe que esta necessariamente sofre a adequação compatível à espécie, não se confundindo com a forma própria do processo de conhecimento. Demostra a presença do contraditório em formas específicas de execução e, por fim, destaca a oportiníssima questão da exceção de pré-executividade.

Desta forma, sem dúvida, é obra indispensável aos operadores do direito e, por seu conteúdo, certamente merecerá especial acolhida pela comunidade jurídica.

Porto Alegre, inverno de 1998.

Sérgio Gilberto Porto

Sumário

1. Introdução 11
   1.1. Apresentação do tema 11
   1.2. Limites 13
   1.3. Objetivos 14

2. Contraditório princípio constitucional 19

3. Execução como expressão da jurisdição 25

4. Desenvolvimento histórico 33
   4.1. *Legis actiones* 35
   4.1.1. Execução na *legis actiones* 36
   4.2. O processo formulário 37
   4.2.1. Execução no processo formulário 39
   4.3. A extraordinária *cognitio* 41
   4.4. O Direito medieval 43

5. Contraditório no processo de execução 45
   5.1 A divisão doutrinária 45

6. Contraditório e sua incidência - Execução por créditos 67
   6.1. Citação 68
   6.2. Nomeação 70
   6.3. Penhora 73
   6.3.1. Oposição à penhora 74
   6.3.2. Intimação da penhora 78
   6.3.3. Redução e ampliação da penhora 79
   6.4. Avaliação 82
   6.5. Arrematação 85
   6.6. Conta 90
   6.7. Suspensão, interrupção e extinção 91
   6.8. Duplo grau de jurisdição 93

7. Contraditório nas execuções específicas 97
    7.1. Entrega de coisa certa 99
    7.2. Entrega de coisa incerta 101
    7.3. Obrigação de fazer 102
    7.4. Obrigação de não fazer 107
    7.5. Emissão de declaração de vontade 107

8. *Contemp of court* 111

9. Exceção de pré-executividade 117

10. Conclusões 125

11. Apêndice (Jurisprudência) 127

Bibliografia 137

1. Introdução

1.1. Apresentação do tema

Ao examinarmos os melhores compêndios de Direito Processual Civil que versam sobre o processo de execução, verificamos, com clareza, a idéia de que, na execução, não é permitido, em princípio, presença do contraditório. Os mais abalizados e tradicionais tratadistas que se debruçam sobre o assunto, como teremos a oportunidade de examinar no corpo desse estudo - sem pretensão de sermos exaustivos -, são peremptórios em afirmar a inexistência do contraditório[1] no processo de execução.

Em todos os ramos da Ciência, durante toda a História, a humanidade tem resistido às mudanças e à aceitação das novas idéias. A tradição histórica está repleta de exemplos. As grandes descobertas vieram comprovar que muito havia para ser explorado. Assim é na ciência processual: a cada nova necessidade verifica-se a possibi-

---

[1] "A posição das partes também é diferente, na cognição elas estão em posição de igualdade e equilíbrio, pois não se sabe qual delas tem razão, e nada pode ser feito sem que todas elas sejam ouvidas ou possam fazer-se ouvir de acordo com o princípio do contraditório: todas cooperam, no sentido do próprio interesse, para as investigações do juiz, procurando convencê-lo da procedência das alegações que eles apresentam; mas o resultado de todo este trabalho conjunto poderá ser favorável para um ou para outro. Muito pelo contrário, na execução não há mais equilíbrio entre as partes, não há contraditório". Enrico Tulio Liebman. Notas de atualização nos termos do CPC 1973 do prof. Joaquim Munhoz de Melo. *Processo de Execução*, Saraiva, 1980, p. 44.

lidade de mudanças. Mudanças que executamos contra premissas dogmáticas, contra paradigmas que são sepultados por inúteis e conservadores, não mais se prestando para o mister.

Todavia, o passar dos anos - pensamos - está abrandando alguns desses dogmas processuais. O sincretismo processual criado a partir da metade do século passado - quando concebeu-se o processo como ciência autônoma - aos poucos foi se adequando à realidade e emprestando à sociedade o seu efetivo escopo social: o de pacificar com justiça. Objetivo que nem sempre foi alcançado e nem sempre será. As inúmeras mutações e inquietações sociais estão abalroando os tribunais e atropelando os velhos paradigmas que efetivamente foram, e ainda são, de muita valia, mas não preenchem satisfatoriamente as necessidades da vida moderna. Vida moderna da informática, das massas, do consumismo, da substituição do individual pelo coletivo, do privado pelo público, do eu pelo nós. Enfim, todas essas alterações no substrato social fazem com que o processo, instrumento de realização do Direito, se modifique e, principalmente, se adeque.

A realidade do foro, no trato do processo de execução, hodiernamente, não reproduz com toda a fidelidade teleológica alguns princípios, como fazia outrora. O formalismo exagerado do século passado está mais abrandado. A necessidade de celeridade, dentro dos padrões de justiça, se sobrepõe. As injustiças sucumbem.

Cândido Rangel Dinamarco,[2] quando leciona sobre a questão processual e o poder, afirma que a inexistência de um procedimento, isto é, um processo sem a existência do contraditório, da dialética, inviabiliza o exercício do poder, pois este fica facilmente vulnerável.

---

[2] "Certo é, no entanto, que hoje facilmente se compreende que todo o poder se exerce mediante um procedimento, caracterizando-se este como processo, desde que seja feito em contraditório." Cândido Rangel Dinamarco. *A Instrumentalidade do Processo*, 3ª ed. Malheiros, 1993, p. 126.

Ora, há maior expressão de poder do Estado, no exercício da função jurisdicional, do que aquela realizada no processo de execução, quando o Estado ingressa na esfera patrimonial do devedor e de lá retira parcela ou totalidade do patrimônio para satisfazer o credor? Para esta e outras perguntas, sempre tendo em mira o momento socioeconômico e cultural em que estamos inseridos, é que tentaremos não apresentar soluções, mas criar inquietações para a reflexão mais profunda daqueles que são os operários do direito e de sua evolução.

O princípio do contraditório, de cujo estudo nos dedicaremos nas páginas seguintes, é princípio insculpido na lei maior, e, como tal, passível de evolução dentro dos conteúdos constitucionais, através das diferentes épocas e dos diferentes povos, dependendo da concepção ideológica e política na qual se inserem as sociedades. Assim como outros princípios, este também fica à mercê das vontades políticas que o produzem, podendo ter maior ou menor influência no desenvolvimento dos sistemas processuais de cada unidade autônoma.

1.2. Limites

Há que se estabelecer, antecipadamente, os limites da investigação. Limites estes que balizarão os conteúdos apresentados, assim como também a área de observação.

Quando tratarmos de processo de execução, no curso deste estudo, estamos falando da execução forçada,[3] aquela tendente a realizar o direito não cumprido espon-

---

[3] "El concepto de ejecución forzosa comprende la adopción de medidas de coacción tendentes a obrar el ánimo del obligado para inducirlo a cumplir la ley, o la adopción de medidas de subrogación, que son actividades de terceros dirigidas a conseguir el bien que debía ser prestado por el obligado, indepiendentemente de su prestación". *Princípos de Derecho Procesal Civil* - José Chiovenda, tradução espanhola de la tercera Edición Italiana, tomo I, p. 294.

taneamente, derivado de obrigação. Distingue-se esta da execução *lato sensu*, ou também chamada imprópria, que é procedimento específico e, por suas peculiaridades próprias, não se confunde com o processo de execução previsto no livro II do CPC.

Também há de se destacar que não está incluído em nosso tema o processo incidente, previsto no livro II do CPC, dos embargos do devedor, que, para a espécie, não desperta maiores interesses, pois com sua instauração abre-se, efetiva e concretamente, um processo cognitivo incidental, observando-se para seu desenvolvimento todos os princípios reguladores do processo civil em geral.

Dentre os elementos de investigação, para constatar a incidência do princípio do contraditório, fixamo-nos na execução por quantia certa, na execução para entrega de coisa certa ou incerta, e na execução da obrigação de fazer e não fazer. São estes os limites impostos no desenvolvimento do tema.

A fixação de contornos é especialmente importante para que não nos dispersemos, o que poderia acarretar algumas dificuldades de compreensão da proposta, cujo objetivo é simples. É apenas o de verificar, no âmbito do processo de execução forçada *stricto sensu*, a incidência do princípio do contraditório, que, afinal, é elemento norteador de todo o sistema processual vigente.

1.3. Objetivos

As constatações da doutrina, quando apreciadas com conotações práticas, provocaram-nos algumas inquietações que nos despertaram o interesse sobre o tema. Posições doutrinárias como as adotadas por Alcides de Mendonça Lima,[4] afirmando que no processo de execu-

---

[4] "Quer num caso (execução de título judicial - sentença), como noutro (execução de título extrajudicial) a posição do devedor dentro do processo de execução é quase inerte, porque diretamente no mesmo não se permite

ção o devedor não tem participação alguma, a não ser por meio dos embargos, inquietou-nos. Tais entendimentos, adotados por ilustres doutrinadores, dentre os quais o antes citado, observados na realidade do foro e do Judiciário, onde a participação das partes e do juiz no processo angular da relação é cada vez mais intensa e mais efetiva, é paradoxal.

Destarte, temos como intenção examinar os momentos, dentro do processo de execução, deixando de lado todas as oportunidades ao alcance do devedor de se utilizar da cautelar, das incidentais, e outros mecanismos processuais, *ex vi* Mandado de Segurança, etc., onde ocorre com maior ou menor intensidade o contraditório. Este estudo não deverá perder de vista, sem atingir a exaustão, todos os momentos do processo de execução, conceituando-os para o escopo de averiguar a real extensão de seu significado e de sua finalidade.

Outro objetivo a ser perseguido no curso das próximas linhas é o de examinar o comportamento da elite processual nacional e internacional face ao tema. A doutrina será abordada por grupos, aglutinando os defensores da possibilidade da existência do princípio do contraditório no feito executivo, e aqueles que abominam a idéia agudamente, para, ao final, tentarmos trazer uma conclusão que atenda às necessidades do processo, da realidade forense e aos anseios da sociedade. Em última análise, coincida com o objetivo finalístico do processo: perseguir a justiça e a paz social.

A evolução do contraditório como princípio informador do processo e elemento de segurança das relações processuais será, evidentemente, abordada sem aprofundar o caráter filosófico de seu nascimento, o que por certo alongaria em demasia esta modesta investigação, face

---

qualquer defesa. Se desejar propor defesa terá que opor 'embargos do devedor'". Alcides Mendonça Lima. *Comentários ao CPC*, Forense, 3ª ed.,Vol. IV, tomo I, p. 5.

ao enfoque dado pelos filósofos e estudiosos da jusfilosofia.

Por fim, deverá conter referências jurisprudenciais de modo a evidenciar como os julgadores encaram o problema no trato diário com o processo de execução. Posições que servem para ilustrar a evolução dos mecanismos processuais bem como, de outra feita, o distanciamento da realidade conceitual. O afastamento de alguns paradigmas traçados ainda no século passado e início deste. Paradigmas que começam a ser questionados na busca do novo processo. Do processo ágil, do processo justo, do processo da eqüidade, calcado no princípio da boa-fé, e liberto do formalismo exagerado, herdado dos processualistas portugueses que, praticamente, substituíram o processo oral pelo escrito/formal, no Brasil.

Justifica-se a proposta em razão de não podermos sepultar as práticas diárias e a evolução natural das coisas em função de pressupostos tais como o de que o processo de execução é um apêndice do processo de conhecimento. Pressuposto que levou Gabriel Rezende Filho a produzir a assertiva de que sempre a execução será uma fase complementar,[5] não podendo existir sem a cognição anterior derivada do processo de conhecimento, estampada pela sentença condenatória.

Não apenas no autor supracitado podemos encontrar tal concepção, mas na grande maioria dos escritores que tiveram produção sob o Código de 1939. Pode-se observar este entendimento em Costa Carvalho, Leite Velho, Almeida de Souza, e grande parte da doutrina Espanhola, citados por Alcides Mendonça Lima.[6]

Com o advento do Código de 1973, não houve mais espaço para tal posicionamento, devendo se considerar a execução como processo autônomo e sujeito a todos os

---

[5] "Execução, portanto, é fase lógica complementar da ação." Gabriel Rezende Filho, *Curso de Processo Civil*, Vol. 3, p. 183.

[6] Alcides Mendonça Lima, *Comentários ao CPC*, Vol VI, Tomo I, ob. cit., p. 12.

princípios que norteiam o processo civil e, dentre eles, é claro, o contraditório.

Assim, dentro desse *background*, pretendemos justificar e objetivar nosso estudo, apresentando problemas diários, não com o intuito de resolvê-los, mas criar no observador a polêmica, o que por si só, produz um grande efeito e, por certo, um grande avanço tendente a solucioná-los.

A metodologia empregada para a busca dos questionamentos é de duas origens. A primeira, e fundamental, é a bibliográfica, onde se encontra a maior produção de teses e proposições sobre o tema. A segunda delas, a mais tênue, no entanto muito importante, pois provocou em nosso espírito a dúvida sobre os conceitos até então inarredáveis tratados pela doutrina, é a descritiva - interpretativa, ou chamada pesquisa de campo, que visa a buscar resposta em problemáticas, levantando dados bibliográficos e empíricos (jurisprudência).

Cabe anunciar que, embora não desconheçamos a diferença doutrinária existente entre *processo* e *procedimento*, marcante, por sinal em todas as obras de direito processual civil, não nos preocupamos com a utilização técnica destes termos, utilizando-os, muitas vezes, como sinônimos.

Não foi dada a atenção devida, também, à questão da cognição, sua extensão e profundidade, face a desinteressar para o objetivo da pesquisa. Fixamo-nos, única e exclusivamente, na incidência do contraditório, desimportando o modo e a intensidade de sua existência, matéria evidentemente apaixonante, mas, até certo ponto, inadequada para o trato do que pretendemos desenvolver.

2. Contraditório princípio constitucional

A primeira grande constatação que se faz ao enfrentar o tema é que todo o seu móvel dogmático deriva do constitucionalismo que, preocupado em manter os direitos fundamentais de liberdade e igualdade, inseriu, na maior parte das Cartas Constitucionais modernamente produzidas, princípios visando a preservar ditos valores. É o caso do princípio do contraditório que busca assegurar a igualdade e a paridade de forças dentro do processo.

O grande jurista brasileiro, Pontes de Miranda, ao comentar a Carta Constitucional de 1969, ensina ser o princípio do contraditório, insculpido no artigo 153, § 16, a garantia e a segurança à igualdade das partes, protegendo-as de práticas arbitrárias que ameaçavam avassalar o direito Processual Brasileiro.[7]

Há que se cristalizar, nesta iniciação do estudo do princípio do contraditório, que, efetivamente, sua origem é constitucional. Ainda, alerte-se, no Brasil também é conhecido como princípio da mais ampla defesa e esteve presente no artigo 72, § 16 da Constituição de 1891; artigo 113, nº 24 da de 1934; artigo 122, nº 11 da Constituição

---

[7] "Na parte 1ª do § 16 assenta-se que a instrução criminal há de ser contraditória o que já representa garantia contra praxes que ameaçavam avassalar o direito processual brasileiro em 1937-46 e 1964-67. Fica afastada qualquer possibilidade de expedientes inquisitórios, com as características de opressão e conseqüentes parcialidades e arbitrariedades. Seja judicial, seja judicialiforme, ou perante o juiz, ou perante a polícia, ou perante as autoridades administrativas, a instrução criminal tem de ser, por força da Constituição, *contraditória*". Pontes de Miranda, *Comentários a Constituição de 1967*, Rio de Janeiro, Revistas dos Tribunais, pp. 257 e 258.

de 1937; artigo 141, § 25 da Constituição de 1946; artigo 150, § 15 da de 1967; artigo 153, § 16, da de 1969; e finalmente no artigo 5º, inciso LV, da atual Carta.

Entretanto, gize-se, com exceção da atual, em todas as outras Constituições a referência era feita apenas em relação ao processo penal, ou instrução criminal, como observou em seus comentários Pontes de Miranda, retrocitado.

Todas as garantias de defesa e de igualdade são contempladas no conceito de contraditório. E não poderia ser diferente. A Constituição Federal tem competência originária para regular e irradiar os princípios políticos sociais, assim como para ditar normas de convivência, as quais as legislações ordinárias têm que se enquadrar.

A inovação trazida pela atual Constituição[8] foi de grande alcance e profundidade, pois fez com que não se pudesse mais produzir acórdãos como o publicado na RT 297/73; nada obstante a doutrina entender, palidamente, naquela oportunidade - C.F. de 1946 - que em todos os processos deveria incidir o princípio - cuja ementa é a seguinte:

"O Contraditório a que se refere ao artigo 141, § 25 da Constituição Federal diz respeito à instrução criminal, isto é, à ação penal propriamente dita...".

O comando constitucional abrandava-se quando tratava do processo civil ou administrativo, em absurdo imensurável dentro dos parâmetros democráticos experimentados no Brasil.

A Carta Magna atual traz comando expresso de que dito princípio deve alcançar todos os procedimentos judiciais, inclusive o civil e o administrativo. Diz o art. 5º

---

[8] Nelson Nery Junior, ao encaminhar o assunto, em seu *livro Princípios do Processo Civil na Constituição Federal*, pp. 120 e seguintes, assim leciona: "A inovação foi profunda porque fez com que o princípio alcançasse expressamente os processos civil e administrativo, pois na carta revogada havia previsão expressa da garantia do contraditório somente para o processo penal".

LV, da CF. "aos litigantes, em processo judicial ou administrativo, e os acusados em geral são assegurados o contraditório e a ampla defesa, com os meios e os recursos a ela inerentes."

Pelo constante no dispositivo, deve o princípio ser estendido a todos os participantes em feitos judiciais, independente de serem pessoas físicas ou jurídicas, autor, réu, opoente, denunciado, assistente, Ministério Público ou até aquelas entidades despersonalizadas, desde que partes em processo, seja judicial, penal, cível ou procedimento administrativo.

Alguns doutrinadores[9] fazem distinção entre o contraditório e a contestação. Isso talvez se dê na tentativa de salvar a tradição constitucional brasileira que sempre adotou o princípio do contraditório apenas nos processos penais. Não querendo fugir à regra, criaram essa pequena diferenciação para explicar e manter o *status quo ante*. Não possuem razão, inobstante os conteúdos magistrais de suas posições.

O texto constitucional é claro. Diferenças não podem ser criadas apenas para manter uma tradição, ou um paradigma que, na verdade, deve ser afastado, pois, cientificamente, não carrega consigo consistência capaz de redefinir o texto constitucional.

Os argumentos de que existem diferenças nos juízos cíveis e criminais não são suficientes para justificar a tese. Diferenças são inerentes ao próprio conteúdo de cada um dos veículos. As peculiaridades são necessárias, pois os objetos a serem alcançados são diferentes, porém o comando constitucional atinge a todos indistintamente.

---

[9] José Cretella Junior, em seus Comentários à Constituição de 1988, artigos 1º a 5º, p. 33, leciona: "Não se confunde o instituto do contraditório, peculiar ao processo penal, com o instituto da contestação, típico do processo judicial civil. O contraditório é típico dos processos em que a relação processual é 'biface': de um lado, o Estado, acusando; de outro lado, o particular sofrendo o impacto da acusação e defendendo-se. O objetivo do processo penal é a busca da verdade real, histórica, ao passo que o fim do processo civil é a captação da verdade formal, jurídica, convencional."

O princípio sob comento é princípio de Estado de Direito, pois o texto constitucional garante a igualdade das partes, direito de ação e direito à defesa, isto é, a possibilidade de deduzir pretensão em juízo e podê-la defender, provar os fatos que compõem seu direito, resguardada ao réu a possibilidade de refutá-los.[10] Moacyr Amaral Santos,[11] quando refere-se ao contraditório diz que, por ser princípio constitucional, não deve sofrer exceções nem limitações.

O que poderia, ainda, justificar a tese de José Cretella Junior, que faz a distinção entre contraditório e contestação, seria o fato de que, no processo penal, há o chamado contraditório efetivo, ou seja, as defesas devem ser técnicas, e, efetivamente, ocorrem em todas as fases do processo. Caso não ocorram, é possível o processo ser infectado com nulidade por ofensa ao princípio da ampla defesa. No juízo cível, entretanto, deve ocorrer a "possibilidade" de o demandado defender-se - momento processual para defesa técnica - que pode ou não ocorrer efetivamente, solucionando-se sua ausência pelo instituto da revelia (artigo 319 do CPC).

Destarte, essa não-imperatividade do demandado em defender-se no processo cível não significa que a ele não seja dada a oportunidade de fazê-lo, e, somente neste

---

[10] "O princípio do contraditório, além de fundamentalmente constituir-se em manifestação do princípio do estado de direito, tem íntima ligação com a igualdade das partes e o do direito de ação, pois o texto constitucional, ao garantir aos litigantes o contraditório e a ampla defesa, quer significar que tanto o direito de ação, quanto o direito de defesa são manifestações do princípio do contraditório." O mesmo autor, ao citar doutrinadores alemães e italianos, repete a tese, antes esposada, de que o contraditório contém tanto o direito de ação como o de reação. Nelson Nery Junior. *Princípio do Processo Civil na Constituição Federal*, p. 122.

[11] "O princípio do contraditório, por ser de índole constitucional, não admite exceção. Mesmo naqueles raros casos em que a lei processual permite pronunciação do juiz *inaudita altera parte*, como ocorre, por exemplo, nos casos de urgência, em processos cautelares aquele em face de quem ou contra quem se dirige a pretensão terá, em seguimento, oportunidade de manifestar-se e defender-se." Moacyr Amaral Santos, *Primeiras Linhas de Direito Processual Civil*, 2º Vol., Saraiva, p. 77.

caso, é que a pena de nulidade será inevitável nesse procedimento também.

Se houver, no cível, defesa incorreta ou insuficiente, este fato não contamina a validade dos atos assim praticados prosseguindo o feito até final solução. Já no processo penal, esse tipo de irregularidade implica anulação do processo e nomeação de outro defensor para dar prosseguimento aos atos jurisdicionais.

A maior diferença, talvez, seja a natureza dos direitos postos em juízo num e noutro feito. Uns de natureza indisponível e outros disponível. Nestes, a falta de contestação, por exemplo, não proscreve o desenvolvimento válido do processo. Naqueles, inexistindo a defesa tecnicamente perfeita, não se progride.

Todavia, diante das verdades insofismáveis apresentadas, até dizer que o contraditório não alcança ao processo civil e, sim, simplesmente o direito à contestação, não é, *data venia*, a melhor solução hermenêutica para o texto constitucional vigente.

O princípio do contraditório alcança a todo processo civil, nas suas três classes: conhecimento, cautelar e execução. Neste último, teremos a oportunidade de demonstrar, exaustivamente, em quais os momentos e circunstâncias ocorre a presença do princípio constitucional; quanto aos outros, sua natureza cognitiva torna indiscutível a questão.

A origem do princípio é de derivação política. A ciência política é que lapidou o contraditório como forma de garantia dos direitos individuais e, até, como forma de reação às tiranias exercidas na idade antiga e repetidas na média, onde se desconheciam os mecanismos democráticos da política constitucional. Chega até nossos dias fortificado como o maior esteio da democracia moderna. Venerado e contemplado em todas as cartas liberais/democráticas do mundo, está em todas as legislações que mantêm o princípio da liberdade e da igualdade, quase sempre estampado nos primeiros artigos das Cartas Magnas.

É, indubitalvelmente, o mecanismo de maior segurança oferecido aos cidadãos de uma comunidade democrática, pois visa a proteger o indivíduo, efetivamente, de práticas opressivas e de ditaduras das mais variadas espécies, sejam jurídicas, econômicas ou classistas. Enfim, protege os cidadãos de arbitrariedades que há muito vêm sendo condenadas e abominadas pela civilização moderna.

Sua aplicação é tão ampla que também nos processos de jurisdição voluntária é observado, sob pena de vício passível de questionamento. É mecanismo de segurança nesse tipo de procedimento.

No processo administrativo, da mesma forma, é obrigatória pela Constituição a observância do princípio do contraditório. Evidente que em cada tipo de procedimento, pelo conteúdo do direito posto em causa, a natureza do interesse a ser tutelado, a manifestação do princípio é maior ou menor, todavia, sempre devendo ser empregado sob pena de infringir a Constituição Federal e ver todos os atos praticados sem sua observância nulos ou anulados, via Poder Judiciário. É, efetivamente, o guardião do equilíbrio de forças dentro da jurisdição.

3. Execução como expressão da jurisdição

A execução é, sem dúvida, a expressão maior da jurisdição, pois sem ela o bem da vida buscado no processo judicial, se não cumprida a decisão espontaneamente, ficará sem ser realizado. A execução é o corolário máximo da jurisdição. Sem ela ficaria inócuo e desprovido de sentido todo o processo. A cogência da execução é o que empresta força e credibilidade ao processo judicial. O império exercido pela jurisdição é, em última análise, a realização da função estatal, dentro da tripartição de poderes.

A igualdade entre ditos poderes constitucionais, tão importante para o mundo moderno, obriga o Estado a criar mecanismos para poder realizar a pacificação social através do Judiciário (via processo), no qual o processo de execução é, sem dúvida alguma, o seu expoente máximo. Sem ele, já frisamos, inóquo e supérfluo todo o processo, pois processo que termina com uma exortação, nas palavras do mestre Chiovenda, para que o devedor cumpra o julgado, é ineficaz e de uma perda de tempo irreparável e irresponsável.

Pela sua caracterização e importância é que ciência processual, após muito titubear, atribuiu ao processo de execução autonomia e independência. A idéia de que era vinculado ao processo cognitivo, apenas um *"along"* deste, uma fase complementar desprovida de regras próprias e autonomia, como alhures se pensara, foi superada. O advento do código de 1973 foi determinante para esta mudança de comportamento dos processualistas e, aos poucos, tomou conta da consciência jurídica nacional.

Nem sempre foi assim. Essa talvez seja uma das razões que justificam nossa tentativa de consolidar o preceito do contraditório no processo de execução. A doutrina clássica não acata o contraditório na execução pela simples razão de que, se execução é uma parte do processo de conhecimento, clara está a impossibilidade, nesta fase, de se voltar a ter cognição no procedimento. Se já exaurido todo o conhecimento que devia ter o juízo sobre o feito, nada mais lhe resta senão realizar o direito.

O professor Celso Neves,[12] grande expoente da escola paulista de processo, vê na execução apenas atividade *jurisatisfativa*, isso já na égide do novo CPC. Imaginem as dificuldades de alteração no comportamento dos tradicionais processualistas.

Na verdade, essa idéia está historicamente ligada às nossas origens romanas, que, como se sabe, não conheciam o processo jurisdicional executivo como hoje existe. Conheciam os romanos apenas um tipo de procedimento que absorvia todas as pretensões e, dentre elas, é claro, as executivas. O processo romano resumia-se na *actio*, nada obstante haver uma separação entre a condenação propriamente dita, com o prazo de espera - *tempus iudicati* - e o prosseguimento da ação com a *actio iudicati*, que não diferia substancialmente das outras ações do processo formulário.

Carnelutti,[13] ao comentar sobre o conceito da execução processual, nos mostra que, até bem pouco tempo, o

---

[12] "Da essência do 'processo de conhecimento' é, só, a declaração. Essencial ao processo executório é, apenas, a satisfação. Com isso extremam-se os lindes próprios de um e de outro e demonstra-se que, segundo a natureza da tutela pretendida, as ações, ou são de conhecimento, ou são de execução, *como conseqüência de não haver jurisdição nesta última"* (o grifo é nosso). Celso Neves. *Classificação das Ações, in Justitia*, ano XXXVII, Vol. 88, p. 40.

[13] "A verdade é que o conceito processual de execução tem sido, até aqui, muito menos elaborado que o de cognição. O processo executivo não tem importância nem um pouco menor do que o processo cognitivo mas é

direito não conhecia a separação efetiva e a autonomia do processo de execução. O processo era um todo único; a execução, apenas uma fase desse procedimento.

Dentro desse clima cultural, é de fácil compreensão que a história processual não seja pródiga em permitir no processo de execução o exercício de todos os mecanismos referentes ao Processo Civil, pois como afirmou o mestre italiano, são espécies diferentes do mesmo gênero.

Outro obstáculo para a compreensão da exata dimensão do processo de execução como mecanismo de pacificação social é o fato de que apenas com a sentença o Estado cumpre a prestação jurisdicional.

"Artigo 463 do CPC - Ao publicar a sentença de mérito o juiz cumpre a acaba o ofício jurisdicional só podendo alterá-lo."

É com esse paradigma que se ingressa no processo de execução, buscando soluções para a sua estruturação como ciência processual.

São, como afirmamos ainda na introdução, as novas tendências, as novas necessidades e o tempo que se encarregam de mudar conceitos e nos levam a questionar paradigmas, muitas vezes arraigados por séculos, tanto no nosso ordenamento jurídico, como também em nossas outras atividades, pois devem servir para manter a paz e distribuir a justiça entre os partícipes sociais.

Neste ponto, aqui também não é diferente. A doutrina brasileira, ainda sob os auspícios do código de 1939, já pendia ardorosa e numerosamente para atribuir ao processo de execução autonomia e independência. As sementes estavam germinando. A grande idéia de que o

---

notavelmente inferior o nível a que, com referência a ele, chegara a técnica e a ciência. Isto é devido ao fato de que a função processual se delineou historicamente antes quanto à cognição que quanto à execução; até há pouco tempo ignorou-se que o processo cognitivo e o processo executivo fossem duas espécies do mesmo gênero." Francesco Carnelutti. *Istituzoni del Processo Civil Italiano*, 5ª ed., Roma, 1956, Vol. I, p. 36, tradução de Cândido Rangel Dinamarco.

processo deve servir de instrumento para realização do direito florescia. A necessidade de adequar os procedimentos ao fim proposto, sob pena de inutilidade, intrigou os nossos doutrinadores e pensadores, que passaram a engrossar a corrente daqueles que concebiam ser o processo de execução um processo autônomo e independente do de cognição.

Ovídio Baptista da Silva[14] entende, em seus comentários sobre a natureza do processo executivo, que o próprio processo de cognição, ao contrário do que se conhecia na idade média, preparou e justificou a autonomia do processo de execução. Reconhece também que são amplos os princípios doutrinários e políticos - os quais, em nosso entender, são atualmente mais amplos ainda - em comparação com aqueles de outrora, que reduziam a jurisdição apenas à atividade cognitiva.

Entretanto, por ser idéia "nova" para a ciência processual, diante dos milênios utilizados para insculpir o direito material em nosso ordenamento moderno, tanto o processo - gênero - como a execução - espécie - estão de fraldas e ensaiam seus primeiros passos. Devem, por con-

---

[14] "O direito Brasileiro, seguindo a tendência da doutrina contemporânea, acolheu a concepção que separa o fenômeno jurisdicional em processo de conhecimento e processo de execução. Este resultado, a que o direito processual civil chegou, é fruto de um longo e persistente trabalho doutrinário que deita raízes nas doutrinas jurídicas e filosóficas formadoras do pensamento moderno, a partir do século XVII.
O direito medieval que, neste ponto, ainda se mantinha ligado ao direito brasileiro, até o Código de 1939, não conhecia o que hoje se denomina processo de conhecimento e, não obstante sejam romanos os fundamentos que lhe dão base, também não seria correto afirmar que o direito moderno, ao consumar a criação de tal instituto, haja reproduzido uma categoria jurídica existente no direito Romano.
Embora sejam amplamente conhecidos os princípios doutrinários e políticos que possibilitaram, num primeiro momento, a redução da jurisdição apenas à atividade cognitiva - proposição esta defendida pela doutrina medieval - não se deve obscurecer que a formação do processo de conhecimento, tal como nós conhecemos hoje, preparou e justificou a autonomia do processo de execução, de modo a legitimar a pretensão executória fundada em título extrajudicial." Ovídio Baptista da Silva. *Curso de Processo Civil*, Vol. II, 2ª ed. Sérgio Fabris Editor, p. 11.

seguinte, ser aprimorados e adequados, sempre com o objetivo maior, pois são instrumentos e estão a serviço da sociedade para cumpr a função que lhe foi reservada. Não é com surpresa que encontramos, ainda hoje, resistências consideráveis ao tema que nos interessa. A aplicação de princípios antes unicamente concebidos para o processo de cognição, ao de execução, causa ainda um certo mal-estar na comunidade jurídica. Mas, com certeza, o tempo se encarregará de acostumá-los com a idéia. A nós incumbe buscar o progresso com o aprofundamento do estudo sistemático.

Na magistratura de Enrico Tulio Liebman[15] encontramos subsídios para entender que a polêmica criada em torno da autonomia do processo de execução, como concebido modernamente, deve-se às origens históricas, como alhures referimos. Fundamenta sua observação no sentido de que a execução nem sempre é necessária para realização do direito posto em causa e, portanto, está além da jurisdição, que efetivamente se encerrou na declaração do direito.

O escólio do desembargador Araken de Assis[16] é no sentido de que admitir a natureza jurisdicional da execu-

---

[15] "É preciso agora aprofundar um pouco mais este ponto e esclarecer se cognição e execução constituem duas fases distintas. A doutrina européia não tem dúvida em considerá-las autônomas.

A tradição luso-brasileira não difere substancialmente da que acaba de ser resumida. Pereira e Sousa e Lobão já perceberam que a execução é uma nova instância, "um juízo novo" e que, para seu ingresso e progresso é necessário nova citação do executado, isso porque " finaliza a sentença que passou em julgado, porque sua execução é um novo juízo e uma nova instância."

...

Conclui-se de tudo isso que a execução é processo plenamente autônomo e independente, que começa pela citação para execução e finaliza, normalmente, com a satisfação do credor." Enrico Tulio Liebman. *Processo de Execução*, Saraiva, 1963, 2ª ed., pp. 34, 35 e 36.

[16] "O reconhecimento da natureza jurisdicional do processo executivo implica em admitir a sua respectiva autonomia, quer dizer, o aparecimento de uma outra relação processual totalmente diversa daquela existente no processo de cognição que, por óbvio, instaura-se pela provocação do credor.

...

Um cediço corolário dos pressupostos até aqui desenvolvidos radica-se na

ção implica atribuir-lhe autonomia e independência. No mesmo sentido, afirma que o exercício do direito subjetivo público de ação está presente no processo de execução, inclusive, na ausência do título embasador da pretensão material - o que evidencia a independência total do processo de execução - não mais tolerando-se as lições de autores de antanhos que entediam ser este um ciclo do de conhecimento.

Na verdade, as teorias que remetem à execução como prosseguimento do processo cognitivo ordinário não explicam nem justificam a execução baseada em título executivo extrajudicial, que inicia *sempre* pela citação, expressão maior da autonomia processual, ato indispensável para o desenvolvimento válido e regular do processo.

Desse entendimento também comunga Cândido Rangel Dinamarco,[17] que ao enfrentar o assunto da autonomia do processo de execução reporta-se às mudanças ocorridas com o advento do Código de 1973, que trata a matéria diversamente do Código passado, onde o artigo 196 dizia que a citação iniciava o processo que só morreria no fim da execução. Tal dispositivo não foi reproduzido no CPC vigente, e são muitos os indicadores que possibilitam afirmar, com convicção, que o sistema foi montado em cima de premissas que separam o processo de execução em processo distinto do de cognição.

Há, sem dúvida alguma, de se emprestar razão a Dinamarco. Institutos como a citação; a possibilidade de prescrição após o trânsito em julgado da sentença conde-

---

evidência da autonomia do processo de execução. Ele é produzido pelo exercício subjetivo público ou ação dentro do envólucro de uma relação jurídica radicalmente diversa daquela articulada no processo de conhecimento." Araken de Assis. *Manual do Processo de Execução*, LEJUR, 1987, Vol. I, pp. 26 e 28.

[17] "O exame sistemático da ordem processual de que tudo foi construído a partir da premissa da distinção e recíproca autonomia entre o processo de conhecimento e o de execução, cada um deles tendo sua vida própria e não representando mera fase de um só processo". Cândido Rangel Dinamarco. *Execução Civil*, 4ª ed., Malheiros, 1994, p. 125.

natória; a execução ex-delito, oriunda da esfera criminal; a alteração de partes; toda a gama de títulos executivos extrajudiciais, como elementos instruidores do processo de execução, por força de lei, fazem entender, *data venia*, que ficam cristalinas a independência, a autonomia e a necessidade de serem aplicados todos os princípios fundamentais do processo civil à execução, sob pena de subverter a ordem sistêmica existente na ciência do direito instrumental moderno.

A doutrina e as legislações alienígenas, especialmente as européias, tratam do assunto, mais especificamente, como elemento histórico, como faz Sérgio La China,[18] ao comentar os traços evolutivos da execução forçada na Itália, reportando-se à história processual romana e da Idade Média, aduzindo que, hoje, tal posicionamento, como aqui, está totalmente ultrapassado.

Na Alemanha, na França e na Espanha, o entendimento é o mesmo: a execução possui vida própria, possui elementos informadores próprios, em função de suas características peculiares.

O Código Procesal Civil y Comercial da La Nación, da vizinha Argentina, contempla o procedimento executivo de forma isolada do processo de conhecimento. Traz nos artigos 520 e seguintes disposições expressas que atestam a independência e autonomia daquele procedimento na legislação portenha.

Tais investigações nos parecem pertinentes, pois, a partir delas e através delas, conseguiremos clima para refletir sobre o tema central do presente estudo, que é a aplicação do princípio do contraditório no processo de

---

[18] "Pur senza aderire all'idéia, cara all'Allorio, di una storia ideale tipica dell'execuzione - ché la storia è del tipico non più che dell'atipico, di ciò che sta nello schema non più di ciò che vi contrasta - è vero però che quell'esecuzione ha una storia e tale storia ha un senso: la liberazione progressiva del processo esecutivo della forme proprie della cognizione - o del tipo di attività giurisdizionale che noi oggi classifichiamo come cognizione." Sergio La China. *L'esecuzione Forzata*, Giuffrè, p. 17.

execução. Ora, se até há pouco havia dúvidas quanto à independência do processo de execução, atualmente tal não se cogita, estando consolidada esta posição. A partir disso, procuraremos investigar as peculiaridades do procedimento em função do fim colimado, para, só depois, atestarmos a incidência dos princípios gerais do processo e, dentre eles, o do contraditório.

Entendemos vencida a compreensão da autonomia e independência do processo de execução pela exposição retro. Não há mais espaço no sistema processual brasileiro vigente para dúvidas dessa estirpe. Execução é processo independente, autônomo, com regras e disciplina especiais, pois seu fim é especial, mas nunca fora dos princípios gerais da jurisdição e da segurança do tráfego jurídico exigido nas civilizações democráticas modernas.

4. Desenvolvimento histórico

Como não poderia deixar de ser, as primeiras notícias que se têm do contraditório, como elemento informador do direito processual, remontam à época do Direito Romano. Da consciência romana de direito como bem da vida individual, vem a idéia inseparável da bilateralidade. A idéia que existiu em todas as épocas, porém com modo, procedimentos e peculiaridades próprias.

A exigência do comparecimento da parte contrária - réu - para a formação do processo, é elemento de criação do direito processual desde os primórdios históricos. Quando se concebeu o Direito como ciência, verificou-se a necessidade de fórmulas, ritos e procedimentos para viabilizá-lo e assegurá-lo a quem efetivamente o possua. Também chegou-se à conclusão de que a dialética era obrigatória: a afirmação pura e simples, subjetiva, por apenas uma das partes não era suficiente para atribuir-lhe, com segurança, o direito que postulava. Havia, sem dúvida, a necessidade de ouvir a parte contrária, aquela de quem se reivindica ou reclama o direito postulado.

Não há, entretanto, como refutar que o contraditório é nato do ser humano quando contra ele investe alguma coisa ou alguém. A defesa privada e a autotutela são os embriões do processo dialético hoje vivenciado.

Os povos primitivos não conheciam o processo como elemento de pacificação social, mas tinham que a defesa dos direitos era fundamental e era feita pelo próprio ofendido, ou pelo grupo de ofendidos. Os conflitos eram resolvidos pela força, do pretendente ao direito contra o pretendido, entre a vítima e o ofensor. No dizer de José Carlos Moreira Alves[19], não se conhecia a justiça pública, somente a privada, pois realizava-se na órbita dos particulares, entre os interessados.

Observa-se, também, que o contraditório possuiu participação muito forte em todos os tipos de processos no Direito Romano. Está presente no procedimento da *legis actiones*, no *procedimento formulário* e também está presente no procedimento da *cognitio extra ordinem*.

Da mesma sorte, no processo *Justiniano* se encontra o princípio do contraditório visivelmente arraigado às práticas processuais. Nessa fase, lapidou-se esse primado de direito adjetivo, que vige até hoje, cada vez com maior vigor e maior aplicação, ao ponto de Carnelutti[20] referir que é princípio informador de todo o processo civil vigente.

Na verdade, detecta-se pelo estudo empreendido que o princípio do contraditório exacerba-se mais ou menos, na medida em que o conjunto da sociedade adquire maior ou menor consciência democrática. O conceito de liberdade e individualidade está presente, determinando maior ou menor aplicação do contraditório, nos mais diversos tipos de processos existentes, para os mais variados fins, através dos tempos. A idéia sempre é a mesma: o sagrado direito de defesa; a possibilidade de refutar a argumentação contrária; a não passividade; a real possibilidade do contra-ataque. São estes alguns conceitos extraprocessuais que inspiram e perenizam o conceito de contraditório através dos séculos, sem exceção, chegando ao direito atual com o maior vigor.

---

[19] "Do estudo dos povos primitivos verifica-se que a tutela dos interesses era, a princípio, feita pelo próprio ofendido ou, então, por grupos a que eles pertenciam - daí dizer-se que o que havia era justiça privada, e, não, a justiça pública, que é a distribuída pelo Estado. Só muito mais tarde, e em decorrência de longa evolução, é que se passa da justiça privada para a justiça pública." José Carlos Moreira Alves. *Direito Romano*, Vol. I, Forense, 4ª ed., 1978, p. 246.

[20] "La contraddittorietà è il principio informatore di tutto il processo civile, non soltanto per quello che attine alla presenza formale delle parti ed alla garanzia della loro difesa, ma allo svolgimento estesso dell'azzione." Carnelutti. *Istituzione del Processo Civile Italiano*, Roma, 1956, p. 105.

4.1. "Legis Actiones"

É, sem dúvida, o mais antigo dos sistemas de processo civil organizado conhecido. Suas informações provêm da *institutas* de Gaio. As chamadas Ações da Lei possuíam características próprias. Eram, essencialmente, solenes e processavam-se, primeiramente, perante o magistrado que, juntamente com as partes, escolhia um juiz popular para dirimir as questões. Estavam submetidas, por isso, ao *ordo judiciorum privatorum.*

A presença do contraditório na *legis actiones* é evidente, todavia, algumas peculiaridades serão comentadas como e.g., o modo como se efetuava citação do réu para o feito. Tal incumbência ficava a cargo do autor que, de acordo com o preceito das XII tábuas, devia chamá-lo, quando o encontrasse, e conduzi-lo ao juízo (*in iure*), para que, conjuntamente, escolhessem um juiz privado (*iudex*) para resolver o impasse. Caso resistisse ao comando dado pelo autor, poderia este, mediante a observação de testemunhas, levá-lo à força à presença do magistrado.

Como é denunciado por todos os escritores romanistas, o processo da *legis actiones* era extremamente formal. Com a presença de autor e réu era proferido o julgamento, conforme preceituava a lei.

Afirma Giuseppe Provera,[21] um dos autores que mais aprofundou o estudo sobre o princípio do contradi-

---

[21] "Il principio del contraddittorio operava, dunque, nel sistema delle legis actiones con un'intensità del tutto sconosciuta ai sistemi processuali odierni. Legis actio sacramento in rem, legis actio sacramento in personam, legis actio per iudicis arbitrive postulationem, legis actio per condictionem esigevano, nel modo più assoluto, non solo la presenza fisica del convenuto dinanzi al magistrato, ma anche la sua attiva partecipazione al rito processuale. Tale partecipazione comportava la pronuncia di parole solenni, accompagnate, nel caso della legis actio sacramento in rem, dal compimento di gesti simbolici, che esprimevano un'antitesi radicale rispetto alle precedenti affermazioni dell'attore. Se invece il convenuto, per un qualsiasi motivo, ometteva di pronunciare quele parolle (e di compiere quei gesti), l'iter del processo restava fatalmente interrotto." Il Principio del Contraddittorio nel

tório no Direito Romano, que, no período da *legis actiones*, o princípio operava com intensidade e era necessário para a existência do próprio processo em Roma.

4.1.1. Execução na "Legis Actiones"

O julgamento pelo *judex*, tal qual é hoje, no processo ordinário, não resolvia nada praticamente, não realizava o direito conferido ao autor. Era uma exortação ao devedor/réu para cumprir o julgado.

Para o fim colimado, devia o autor propor outra *legis actio*, se passados trinta dias do julgado sem que o devedor cumprisse o comando exarado na sentença. Tal qual como é hoje - com o trânsito em julgado, deve o autor promover a execução de seu título para ver satisfeito o direito, que já foi declarado pela sentença do processo ordinário - assim era no direito processual romano, que remonta a três séculos antes de Cristo.

No sistema da *legis actiones*, não se conhecia outro tipo de execução que não fosse a pessoal - *manus iniectio e pignoris capio* - e que, por sua característica, não se daria sem a presença do réu perante o juízo. Conforme ensina Humberto Theodoro Junior,[22] era rápida e sumária, sem direito à defesa direta. Em razão da falta da dignidade do réu, apenas admitia-se que um terceiro o substituísse para defendê-lo (*vindex*) com o intuito de resgatar a dívida ou apresentar oposição, tornando-se, contudo, obrigado pelo processo daí para frente.

Processo Civile Romano, Giuseppe Provera, Università di Torino, Memorie Dell'instituto Giuridico, Série II, Memoria CXXXII, 1980, pp. 82 e 83.

[22] "O processo de execução pessoal era sumário, rápido e sem direito a defesa para o descumpridor da *obligatio iudicati*. A recusa de atendimento à sentença era havido como ato de má-fé e daí não se considerar o inadimplente *digne de se défendere lui même.*" Humberto Theodoro Junior. *Execução de Sentença e a Garantia do Devido Processo Legal*, Aide, 1ª ed., 1987, p. 89.

O contraditório era reduzido, pois as defesas passíveis de serem apresentadas estavam contempladas na lei, porém sua presença era inafastável. Com ensina Giuseppe Provera,[23] a *pignoris capio*, um dos tipos de execução desse período, exigia simultânea presença do autor e do réu perante o juiz, pois do contrário não poderia se enquadrar como uma espécie de *Legis Actio*. Todavia, há autores, como José Carlos Moreira Alves,[24] que entendem que a *pignoris capio* não necessitava da presença do devedor, não se instalando, assim, o contraditório, visto que sua ocorrência se dava no juízo privado, ou até fora do alcance deste.

A verdade é que, pela peculiaridade da execução, que era pessoal, necessitava-se da presença do *convenuto* perante o juízo. Entretanto, a possibilidade de defesa diminuía-se pela condição de indignidade atribuída a quem descumpria o julgado, restando apenas a sua substituição por outro garantidor que, aí sim, teria amplas condições de exercer o contraditório pleno dentro do processo de execução da *legis actiones*.

4.2. O processo formulário

A decadência do procedimento da *legis actiones* ocorreu em função do seu extremo formalismo, que levava

---

[23] "La pignoris capio veniva promossa dall'atore exttra ius e non era affatto necessaria, per lo svolgimento del rito, la presenza dell'avversário. A detta di Gaio, avrebbe costituito maggioranza l'opinione di coloro che erano propensi ad includere la pignoris capio nella categoria delle legis actiones; resta comunque assodato che con la sola eccezione della pignoris capio, il rito della legis actios esigeva la contemporanea presenza delle due parti dianazi al magistrato" Giuseppe Provera, ob. cit., pp. 11 e 12.

[24] "A *pignoris capio* se distingue das demais *legis actiones*, porque ela não se desenrola diante do magistrado (*in jure*). Por isso, e ainda porque não era necessária a presença do adversário, e podia a *pignoris capio* realizar-se em dias nefatos, alguns jurisconsultos romanos não viam nela uma *legis actio*, com o que, porém, outra corrente - seguida por Gaio - não concordava ." José Carlos Moreira Alves. *Direito Romano*, Vol. I, Forense, 4ª ed., 1978, p. 277.

pessoas a privação de direitos por deixar de pronunciar uma palavra solene, ou por deixar de realizar um ato qualquer previsto. O barbarismo presente no sistema de execução que, como vimos, era imenso e apenas pessoal, submetendo o devedor à escravidão ou até à morte, forçou a criação de um outro sistema processual que se adequasse mais à civilização Romana em franco desenvolvimento social e econômico. Surgiu, então, como idéia renovadora, o chamado processo formulário.

Entre os romanistas permanece alguma dúvida para identificar quais, efetivamente, foram as leis que introduziram o processo formulário: se a *lei aebutia*, que remonta ao meado do século II a.c., ou se as *leis iuliae iudiciariae*, promulgadas ao tempo do Imperador Augusto no ano 17 a.c. Para o nosso estudo, é irrelevante tal divergência, pois o que nos interessa é a verificação do princípio do contraditório na fase formular do processo civil romano.

Neste momento, detecta-se uma presença maior do magistrado no julgamento dos feitos, uma presença marcante do processo escrito - fórmulas - em contraposição com o da *legis actiones*, que era todo oral e quase todo na presença do juízo privado. Entretanto, ainda permanece sob a égide do *ordo iudiciorum privatorum*, porque havia ainda a divisão de instância; o magistrado (*iure*) e o juízo privado (*iudex*).

O princípio do contraditório continua a operar, e com mais intensidade, nesse período. Giuseppe Provera[25] en-

---

[25] "Il principio del contraddittorio continua ad essere operante nella procedura per fomulas allo stesso modo e con la stessa intensità che nel sistema das legis actiones, nel senso che anche in tale procedura era indispensabile, ai fini dell'accertamento, no solo la presenza fisica delle due parti dinanzi al magistrato, ma anche la loro attiva partecipazione al processo. Va tuttavia subito rilevato che la necessità della presenza in iure del convenuto non è più legata alle esigenze di un rito solenne al quale dovevano participare entrambe le parti, bensì al compimento della litis contestatio, atto per sua natura bilaterale, in cui confluivano necessariamente le volontà di due soggetti, unanimi nell'accettare il processo come mezzo di risoluzione della controversia" Giuseppe Provera, ob.cit., p. 85.

tende que é indispensável a presença do autor e do réu perante o juiz e que têm, os dois, grande participação no desenrolar do processo.

Várias alterações foram produzidas pelo processo formulário com relação ao direito processual praticado no Império Romano. A criação de fórmulas pelo magistrado - daí o nome *per formulário* - possibilitou o que hoje chamaríamos de fixação dos pontos controvertidos da lide em despacho saneador, com forma escrita, fixando as questões postas em juízo, a partir do que se desenvolvia todo o conjunto probatório, culminando em sentença. Tal qual a do período da *legis actiones*, como fixado no nosso CPC atual, carece também de execução em processo distinto para realizar o julgado, caso não fosse espontaneamente cumprido.

4.2.1. Execução no processo formulário

Diferentemente do processo de execução da *legis actiones*, onde a forma de realização da sentença, a *manus iniectio*, era um procedimento brutal e se desenrolava fora do alcance do magistrado, configurando um verdadeiro ato de justiça privada, como diz Humberto Theodoro Junior,[26] graças a uma grande evolução, transformou-se a

---

[26] "É verdade que, durante longos séculos do primitivo processo das ações da lei, houve grande e progressivo abrandamento do rigor da execução pessoal do devedor e, às vésperas da supressão do velho regime processual, já se podia dizer que o caráter de vingança pessoal se afasta do procedimento executivo para ceder lugar a medidas de cunho cada vez mais patrimonial, como era o caso da *bonorum venditio*, o devedor continuava, porém, sujeito aos efeitos diretos da execução, sem defender-se pessoalmente, embora a servidão só durasse o tempo necessário para resgatar com seu trabalho o montante da condenação. Com a substituição do sistema da *legis actiones* pelo processo formulário, a *legis actio per manus inictionem* transformou-se na *actio iudicati*. Criou-se dessa maneira, um remédio processual que, sem eliminar de todo a execução pessoal do devedor, suaviza grandemente seus rigores e permitia *contraditório* e defesa, quase sempre atingindo o desiderato executivo sem necessidade de ir além do plano patrimonial." Humberto Theodoro Junior, ob. cit., p. 97.

execução pessoal na *actio iudicati*. Ou, como comenta Alcides Mendonça Lima,[27] a execução se torna mais humana obedecendo aos anseios sociais em ampla evolução. O mecanismo era o mesmo do sistema anterior. Pela sentença, o devedor ficava obrigado a satisfazer o comando. Todavia esta obrigação era uma obrigação simbólica, uma obrigação ética e moral, pois, se não o fizesse, nada lhe acontecia no plano material. Estava, portanto, o credor que desejasse ver cumprido o julgado, desatendido, obrigado a propor uma nova ação. Devia aguardar pelo período de trinta dias para que o devedor cumprisse a decisão o que, uma vez não efetivado, geraria o direito ao credor de propor a execução da sentença que, nesta fase, correspondia à *actio iudicati*.

O não-cumprimento da obrigação autorizava o credor a promover a ação de execução, que se dava como qualquer outro tipo de ação do processo formulário. Citado o réu para comparecer perante o magistrado, podia pagar sua dívida, confessar o não-cumprimento ou defender-se, pessoalmente, não mais necessitando do *vindex*. A falta de defesa autorizava o pretor a promover, desde logo, o decreto para a execução sobre a pessoa ou sobre os bens.

Ocorrendo, todavia, a contestação, instalava-se o contraditório, e o feito subordinava-se à fórmula adequada - *litis contestatio* - sendo encaminhado ao juízo privado, seguindo o rito normal de qualquer outro tipo de ação.

O contraditório era amplo e irrestrito, limitando-se, evidentemente, ao tema posto em juízo, mas sua presença era indispensável, como hoje, para o desenvolvimento válido e regular do processo de execução.

---

[27] "O sentido humano da execução cada vez mais se impunha e firmava-se no meio social, como característico dos próprios postulados inerentes à civilização, até por motivos éticos, consoante as novas concepções." Alcides Mendonça Lima, *in Comentários ao CPC*, Forense, Vol. VI, tomo I, 3ª ed., 1979, p. 28.

4.3. A extraordinária "cognitio"

Esse sistema foi criado inicialmente para apreciar as causas consideradas não-civis, aquelas causas de naturezas administrativa e policial que não se subordinavam à regra do *ordo iudiciorum privatorum*. O feito desenvolvia-se todo perante o magistrado, inexistindo o *iudex* privado. Deriva dessa situação o seu nome *extra ordinem*. Sua aplicação às causas civis foi uma questão de tempo.

Nesse período, o magistrado começou a ter mais poderes, pois iniciava o processo e lhe cabia encerrá-lo com a decisão final. Com isso também o debate ficou mais amplo. O Estado, através do Judiciário, passou a buscar para si a aplicação do direito, com mais intensidade face à desvinculação do processo ao direito privado. Nasceu o recurso, e a execução podia ser feita por força pública, já que a sentença era proferida pelo juiz público, e não mais privado, como nas fases anteriores.

Uma das alterações importantes ocorridas neste período é o chamamento do réu à instância. Nas fases anteriores, esta tarefa era do autor, privadamente. No processo extraordinário, esse chamamento se fazia através do magistrado que detinha o poder de *evocatio*, procedimento indispensável para a validade da instalação da instância. Mais tarde, quando estava totalmente consolidado o processo extraordinário, o Imperador Constantino criou outro tipo de citação: a *litis denuntiatio*, mas sempre através do órgão público representado pelo magistrado.

Especificamente, em se tratando do processo de execução, conhecia-se, neste período, a execução para entrega de coisa certa, a execução de quantia certa, contra devedor solvente e contra devedor insolvente, cada uma delas com características próprias, respeitando-se sempre o sagrado direito de defesa, estando presente o contraditório em todos esses ritos.

Nessa fase, também conhecida como pós-clássica, a execução tomava formas de um verdadeiro processo jurisdicional, como ensina Alcides Mendonça Lima.[28] Foi o mais alto grau de evolução do Direito, sendo a origem da moderna execução. Nasce, também, nesse período, a execução *in natura*, que não era conhecida até então e visava, como entre nós, a busca do bem específico.

Já como fase derradeira do Império Romano, sob a coordenação do Imperador Justinianeu, temos o momento em que o princípio do contraditório, pela natural evolução, se fez mais presente, chegando alguns autores a separar, para fins de estudo, este período. Escreve *Provera*:[29] esta fase, objetivamente, foi de um renovado interesse à função dialética no processo, criando o Imperador importantes modificações na lei para abrigá-lo com segurança.

Na execução Justinianéia havia traços da execução moderna. Houve o abandono da vingança, e o conceito de sanção se aprofundou como meio de recomposição, especialmente patrimonial, e nunca mais pessoal, como nos

---

[28] "No processo extraordinário, conhecido como fase pós-clássica, surgiu forma de execução com todas as características de verdadeira atividade jurisdicional, obstando-se a interferência privada e pessoal do credores. Foi o mais alto grau de evolução no direito romano, podendo ser apontado o procedimento como a origem atávica da moderna executoriedade, por expropriação." Alcides Mendonça Lima, *in Comentários ao CPC de 1973*, Forense 3ªed., 1979, p. 31.

[29] "Il principio del contraddittorio, oggento nel diritto giustinianeo di un rinnovato ed accresciuto interesse, suggerì all'imperatore importanti modifiche legislative del regime della contumacia ereditato dalla cognitio extra ordinem. Nom poteva infatti sfuggirgli che in tal regime l'osservanza del principio sopra indicato, sui cui si era imperniata per molti secoli la struttura del processo civile romano, appariva, in realtà, illusória: basti osservare che l'attore era in grado, per questa via, di ottenere une sentenza di merito senza che il proprio avversário avesse fatto sentire la propria voce; né il fato che non si potesse procedere contro di lui senza avesse avuto notizia della citazione a comparire era sufficiente ad impedire il verificarsi degli inconveniente proprii di una decisione pronunciata, per lo più affrettamente, inaudita altera parte e quindi senza contraddittorio". Giuseppe Provera, ob. cit., pp. 231 e 232.

outros períodos, assim como nos ensina Humberto Theodoro Junior.[30]

4.4. O Direito medieval

Com o fim do Império Romano, causado tanto pela decadência como pela invasão dos bárbaros vindos do Oriente, a humanidade entra num recuo brutal do seu ciclo cultural e democrático. Os bárbaros eram muito atrasados em relação à Roma, que havia conquistado o esplendor cultural. Viviam em estágio rude, predominando especialmente força, inclusive no meio jurídico.[31]

Voltou-se, assim, à prática da justiça privada sem muita observância ao princípio do contraditório e aos conceitos democráticos. A força prevalecia.

Todavia, os conceitos de Direito Romano, a partir do século XI, passaram a ser estudados novamente e, por possuir conteúdo bastante adiantado, renasceram com vigor, causando um choque com o sistema empregado, pois este se impunha pela força material e aquele pela força intelectual e cultural.

Com essa evolução, ressurgiram as formas romanas da execução. A elas, frente às necessidades da época, se soma a chamada execução aparelhada, criada neste pe-

---

[30] "Já aqui, portanto, podiam se reconhecer muitos traços da execução moderna. Longe da violência primitiva, podia-se então aplicar à execução justinianéia o conceito atual de execução forçada, qual seja o de concreta *aplicazione della sanzione a sequito dell'accertamento di una violazione dell'ordine giuridico*. A sanção não é mais a vingança privada do credor contra o devedor." Humberto Theodoro Junior , ob. cit., p. 113.

[31] Alcides Mendonça Lima, ao comentar sobre o fato, refere-se: " Aquelas hordas eram muito atrasadas em confronto com o que Roma já conquistara no esplendor de sua cultura. De origem germânica , preponderantemente, os vencedores ainda viviam estágio rude e primitivo, inclusive no setor jurídico e, conseqüentemente no processual. Eram excessivamente individualistas, resolvendo suas contendas por atividade privada. Não compreendiam como deveriam dirigir-se a um terceiro investido ou não de autoridade, para submeter a julgamento...." Comentários ao CPC, 1979, Vol. VI, tomo I, p. 33.

ríodo para atender ao grande tráfico de relações jurídicas que não derivaram de ações judiciais. Criam-se, destarte, os títulos executivos extrajudiciais: o por escritura pública, equiparado à confissão, foi o primeiro deles. O feito executivo foi desdobrado. O primeiro, derivado da sentença, era apenas um prolongamento da ação, não possuindo vida própria como processo; o segundo, derivado dos títulos extrajudiciais, com características autônomas, exigindo citação e o mais amplo contraditório.

Tal sistema ganhou espaço em toda a Europa, chegando na França, na Itália, na Alemanha e em Portugal, onde até então não se conhecia a dita execução aparelhada. Com o Rei Venturoso, houve a criação da *"Ação de Assinação de Dez Dias"*, destinada à cobrança de certas dívidas, desde que representadas por documentos idôneos, geralmente públicos, que perdurou até o advento do CPC português de 1876, quando foi, finalmente, reconhecido o processo de execução baseado em títulos extrajudiciais.

Do sistema processual português, herdou o Brasil quase todos seus elementos, pois, como se conhece, o Regulamento 737 de 1850, primeiro diploma processual brasileiro, incorporou todos os conceitos processuais portugueses que, por sua vez, também influenciaram os Códigos Estaduais e, mais modernamente, o revogado Código de 1939.

5. Contraditório no processo de execução

Algumas premissas básicas, visando a melhor compreender o tema, foram colocadas até aqui a respeito do contraditório na execução. Uma delas foi a de que o princípio estudado deriva de comando constitucional e abrange todos os tipos de processo, inclusive o de execução. Verificou-se ser um procedimento autônomo, com vida e regras próprias, outro ponto basilar da investigação. Assim sendo, aproveitando a clássica definição produzida por Joaquim Canuto Mendes de Almeida,[32] para quem o contraditório é: "a ciência bilateral dos atos e termos processuais e possibilidade de contrariá-los" não restaram dúvidas de que deva tal princípio ser aplicado a todos os procedimentos, sem exceção, sob pena de ferir a lei maior.

Tal não é, todavia, a posição majoritária da doutrina. Alguns clássicos doutrinadores relutam em aceitar, no âmbito do processo de execução, a existência do princípio. Vejamos:

5.1. A divisão doutrinária

Iniciamos por um dos maiores doutrinadores, talvez aquele que mais influenciou o direito processual civil atual, pois é marco para qualquer estudo de processo. É

---

[32] Joaquim Canuto Mendes de Almeida, *A contrariedade na Instrução Criminal*, São Paulo, 1937, p. 110.

dele praticamente toda a estrutura do atual CPC, fato que por si só determina, obrigatoriamente, que sua posição fosse a primeira a ser apreciada. Referimo-nos a Enrico Tulio Liebman.

Liebman[33], apesar de dizer em certas passagens que o princípio devesse se estender a todos os procedimentos, em seu clássico *O Processo de Execução* afirma que a diferença existente entre a cognição e a execução não permite que nesta haja incidência do contraditório.

Alega, para sustentar tal posição, que, na execução, a atividade do órgão jurisdicional é prevalentemente prática, diversa da exercida na cognição, que é investigatória, lógica, interpretativa, visando a reproduzir e a avaliar os fatos para obter um resultado final de caráter ideal. Afirma que tal não ocorre na execução, pois as posições das partes são diferentes. No primeiro caso, a cognição, há igualdade; na execução não há este equilíbrio. Somente aceita o contraditório quando de um novo processo cognitivo, ou seja, via incidental de embargos.

---

[33] "Na execução, ao contrário, a atividade do órgão é prevalentemente prática e material, visando produzir na situação de fato as modificações aludidas acima (tanto que esta atividade é confiada em parte aos órgãos inferiores do aparelhamento judiciário). A posição jurídica das partes também é diferente. Na cognição elas estão em posição de igualdade e de equilíbrio, pois não se sabe qual delas esta com a razão, e nada pode ser feito sem que todas elas sejam ouvidas ou possam fazer-se ouvir, de acordo com o princípio do contraditório: todos cooperam, cada um no sentido do próprio interesse, para a investigação do juiz, procurando convencê-lo da procedência das alegações que elas apresentam; mas o resultado de todo este trabalho conjunto poderá ser, afinal, favorável tanto a um quanto a outro. Muito pelo contrário, na execução não há equilíbrio entre as partes, não há contraditório; uma delas foi condenada e sobre este ponto não pode mais, em regra, haver discussão; a outro, tendo conseguido o reconhecimento de seu direito exige que se proceda de acordo com a sentença que o declarou e o condenado não pode impedir e deve suportar o que se faz em seu prejuízo, sendo ouvido só na medida em que sua colaboração possa ser útil e podendo pretender unicamente que os dispositivos da lei não sejam ultrapassados no cumprimento dessa atividade. É certo que a controvérsia e o contraditório podem reaparecer, mas isto somente em novo processo de cognição de caráter incidente (embargos). Enrico Tulio Liebman. *Processo de Execução*, 4ª ed. Saraiva, 1980, p. 44.

Outro grande mestre, formador da opinião jurídica pelos seus belíssimos trabalhos dedicados ao estudo do processo, especialmente o de execução, é o professor italiano Salvatore Satta, seguindo, todavia, a trilha de seu compatriota antes referido, não aceita a incidência do contraditório na execução. Afirma que, no processo de execução, está o devedor em posição de submissão ao credor. Alega que é uma questão de estrutura e objetivos a serem perseguidos. Na cognição, continua, visa-se a estabelecer uma norma para o caso concreto, com a incidência da lei. Na execução, busca-se adequar a vontade da lei, substituindo a vontade do devedor, transferindo parcela do seu patrimônio para o credor. A estrutura jurídica não mais o protege. Já foi condenado. Deve apenas cumprir o que está determinado.[34]

Alega que o contraditório é resultante da ação e da contra-ação, o que não ocorre na execução, pois essa exceção é a liberdade do demandado em discutir com o seu demandante. Por tais razões, não se deve falar em prova

---

[34] "Il carattere non contradittorio del processo di esecuzione trova in questo la sua ragione; e non si tratta di carattere meramente formale, ma sostanziale, perchè il contradittorio è la resultante dela combinazione tra azione e eccezione, e l'eccezione esprime l'assoluta libertà del convenuto di fronte alla postulizione dell'auttore che qui per definizione nom esiste. Per questa stessa ragione no si può parlare nel processo di esecusione di istruzione (prova), che è tipica ed esclusiva della formazione della normativa, ma, como abbiamo accennato, di modificazioni nel patrimonio del debitore cioè di compimento di atti che hanno valore sostanziale, di preparazione e predisposizione dell'atto finale che è l'adempimento (la saddisfazione esecutiva). Quella che è l'esigenza insopprimibile del contradittorio è soddisfatta nel processo di esecuzione a posteriori, cioè, con le impugnazioni dell'atto che il debitore é ammesso a compiere, introducendo um giudizio di validità, che può assere formale o sostanziale, quando si contesti addirittura la normativa della cui esecuzione si trata (opposizione de rito e di mérito) Queste impugnazioni sono certo incidenti nel processo de esecuzione, mas non sono intrinseche ad esso, vale a dire devono assere autonomamente considerate. Se fossero intrinseche, l'azione esecutiva e la normativa che la determina, perderebbero ogni significato. La estruttura del processo di esecuzione, così como l'abbiamo delineata, non può però compredersi se no si affronta direttamente, como ora è arrivato il momento di fare, quella normativa e cioè il problema del titolo esecutivo". Salvatore Satta. *Diritto Processuale Civile*, Cedam, Padova , 7ª ed., 1967, p. 463.

no processo de execução, prossegue Satta, esta visa apenas à modificação material da esfera patrimonial do devedor que se transfere total ou parcialmente para o credor, através da intervenção estatal.

O princípio sagrado do contraditório só poderá aparecer em outro processo de cognição, com a possibilidade de o devedor impugnar o ato do credor, ou seja, voltar-se contra os atos da execução com as oposições de rito ou de mérito. Tanto uma como a outra são impugnações incidentais, correspondentes, em nossa legislação processual, aos embargos do devedor.

Destarte, tanto Satta quanto Liebman só admitem a possibilidade, dentro do processo de execução, que se observe o princípio do contraditório na incidental de embargos, pois, como um procedimento de cognição plena, estaria autorizado pela ciência processual a ser o veículo adequado para discutir as questões com toda a extensão e profundidade, valendo-se de todos os mecanismos postos à disposição dos contendores, inclusive com a bilateralidade dos atos processuais, ou seja: o contraditório pleno.

Entre nós, o ex-ministro Athos Gusmão Carneiro[35], em artigo publicado na Revista de Processo, quando trata sobre a execução no CPC, posiciona-se, utilizando-se ensinamentos de Carnelutti sobre a definição de título executivo, também pela impossibilidade de incidir neste procedimento o princípio do contraditório, pois tem em mente que o título executivo deve ser incontroverso e com eficácia plena, não sendo possível, assim, dentro do processo executivo, haver qualquer tipo de conhecimento referente a qualquer fato que possa ocorrer no curso da lide. Assim como os autores alienígenas, sustenta a posi-

---

[35] "O processo de execução pressupõe uma lide incontroversa, uma pretensão não resistida. Não há contraditório no processo de execução: somente poderá seguir uma ação incidental de embargos, cuja iniciativa é do executado que nela assume a qualidade de autor". Athos Gusmão Carneiro, Da Execução no Novo CPC, *in Revista de Processo* nº 10, p. 97.

ção de que a única hipótese possível de haver conhecimento dentro do processo de execução é com a interposição da incidental de embargos que, sobrestando o feito principal, e em procedimento de cognição exauriente, decide todas as questões relativas ao título e ao próprio direito do credor. Como nas doutrinas anteriores, por nós mencionadas, peca pelo formalismo exagerado e pela fidelidade ao paradigma existente.

É impossível a qualquer tipo de procedimento ser estanque como querem tais doutrinadores. Assim como entendemos ser impossível, no processo de conhecimento, que o juiz, imbuído da melhor intenção de prestar a jurisdição, não execute nada, no estrito sentido da palavra, entendida como modificação do mundo fático, em razão de determinação judicial. Pouco provável será que, na execução, não se conheça nada. São conceitos e posições que serão tratados a seu tempo.

Com o mesmo entendimento, fazendo apenas apreciações ao processo de execução por sentença, o promotor e professor de São Paulo, Celso Ribeiro da Silva[36], em longo trabalho publicado a respeito do assunto, conclui tal como seus inspiradores, ou seja, pela inaplicabilidade do princípio sob exame no processo de execução.

Todavia, mesmo possuindo uma vasta argumentação, observa-se, sua tese, um mesmo equívoco dos de-

---

[36] "De tudo o que ficou dito, parece-nos que, no processo de execução de sentença, não resta senão ao executado, denominado vencido por lei, suportar passivamente os atos do poder público tendentes a retirar de seu patrimônio o necessário para repor às partes a situação anterior à violação da norma jurídica. No processo de execução ao executado não é dada nenhuma oportunidade para alegação ou prova de seu direito. E se a execução já não se justifica perante ao direito, em virtude da nulidade do título executório ou de circunstâncias que surgiram após a condenação, modificando os fatos nelas conhecidos, e lhe oferece apenas, a semelhança do que acontece no direito germânico, o caminho da ação própria, destinada, num processo autônomo, diverso do executório, atingir a liquidez e certeza do título e, desta forma, impedir a *executio parata*. O princípio do contraditório, portanto, não tem nenhuma aplicação no processo de execução de sentença (executório). Celso Ribeiro da Silva. *O Contraditório no Processo de Execução*, Justitia, Vol. 66, ano XXXI, 3º trimestre de 1969, pp. 63 a 79.

mais defensores da inaplicabilidade do princípio do contraditório na execução. Nada obstante apreciar apenas a execução de sentenças, suas observações carecem de consistência científica e de adequação, como que se referisse às execuções em geral. Como restará demonstrado, o contraditório, na execução, tem um caráter limitado, mas existe e incide em determinados momentos, perfeitamente identificáveis, onde haverá, sim, o conhecimento por parte do juiz, forçando-o a decidir questões presentes no procedimento e que serão fundamentais para o desiderato.

Entende o eminente professor não poder incidir o princípio porque o processo de conhecimento anterior já o realizou amplamente e seria uma repetição inóqua e inadequada, de nada servindo, a não ser para entravar os feitos. Defende, em razão da natureza do processo executório, a inadmissibilidade de contrariedade no seu bojo. Afirma que a desigualdade das posições entre autor e réu também é fator determinante para a exclusão da incidência dialética no seio da execução. Conclui, afirmando: se o magistrado pudesse conhecer na execução, estaria a desmentir o caráter abstrato do título executivo e, desta forma, todo o instituto da execução sucumbiria. Aceita o contraditório apenas quando da propositura da incidental de embargos, o que é óbvio, mas não é o tema de nossa investigação. Nessa condição, evidentemente, se abre a possibilidade de discutir tudo, inclusive, como quer o professor paulista, voltar-se contra a executividade do título, retirando-lhe o caráter abstrato literal que o compõe, assim como também rever o próprio direito do credor.

O professor Isolde Favaretto, na sua tese de conclusão do curso de especialização na Pontifícia Universidade Católica do Rio Grande do Sul, em trabalho sobre o comportamento processual das partes, ao examinar a forma bilateral dos procedimentos, aborda, minuciosamente, o assunto, trazendo opiniões de doutrinadores que defendem tanto um ponto de vista quanto o outro. Na verdade, Isolde Favaretto não toma posição sobre a questão, mas deixa antever que se filia às correntes mais conservadoras e afirma não haver contraditório no processo de execução.[37] Sua manifestação deve-se, seguramente, à tendência de filiar-se dogmaticamente às doutrinas pregadas por Salvatore Satta, que o inspiraram para defender a posição mais conservadora do processo civil contemporâneo, o que não deve ser considerado como equívoco, pois a maioria da doutrina prega a mesma tese.

Também o mestre Alfredo Buzaid[38] ensina que, de fato, nada obstante ser a execução um novo processo, nela não se pode nada questionar. Chega a afirmar que o devedor está em situação de desigualdade em relação ao credor, pois este tem proeminência jurídica sobre aquele. Restam-lhe, todavia, os embargos, não para se defender da execução, mas para atacá-la, procurando inutilizar a eficácia executiva do título, conclui.

Tantos outros poderiam ser citados: dentre nós, Calmon de Passos, reproduzido por José Raimundo Gomes da Cruz, quando afirma que, na execução, o réu não é citado para propriamente defender-se, mas para cumprir o julgado; dentre os estrangeiros, Menestrina, citado por Giuseppe Tarzia, entendendo que o executado nesse processo não é sequer parte e está o devedor liberado da cognição; o alemão Köhler, também citado por Tarzia, ensina que no processo de execução o devedor é uma parte processual, mas não dotado de poder de contraditar,

---

[37] "Merece atenção especial e como espécie de exceção no processo civil é o contraditório no processo de execução, onde os atos são em princípio, *inaudita altera parte*." Isolde Favaretto, *in Comportamento Processual das Partes*, Livraria Editora Acadêmica, Porto Alegre, 1993, p. 40.

[38] "O exeqüente tem uma proeminência jurídica sobre o executado; funda a sua ação na sentença definitiva e age para compelir o devedor a satisfazer o julgado. Não propõe o exeqüente novas questões; não pode ampliar o conteúdo da sentença, nem o juiz reduzí-lo; todo seu objetivo consiste em obter, por meios executivos, a satisfação prática do direito." Alfredo Buzaid. *Do Agravo de Petição*, 2ª ed., 1956, São Paulo, Saraiva, p. 109.

pois esse procedimento não possui estrutura contraditória.[39]
Deixaremos de abordar a chamada posição intermediária, doutrina daqueles que afirmam situar-se o processo de execução, quanto à incidência do princípio do contraditório, como se estivesse em zona média. Não abordaremos, pois, com a devida vênia, em ciência, seja processual ou não, o fenômeno existe ou não; é ou não capaz de ser verificado; independente da extensão ou profundidade que possa ser apreciado. Importa o simples fato de ocorrer ou não. Este é o determinante. Se é verificado em algumas circunstâncias ou situações específicas é porque se pode atestar sua real existência. Se, ao contrário, ficar totalmente alheio ao procedimento, é porque, efetivamente, dele não se permite cogitar. O que não se deve é tratá-lo cientificamente, dando-lhe sentido híbrido ou mesmo dúbio, o de sim e não, simultaneamente. Alegar que cabe aqui, mas ali deve ser afastado, é inconcebível.

O devedor deve sujeitar-se a tudo? Não pode nada alegar? Se alegar, não pode exercer oposição? São questões que ficam claras na medida em que há uma sistematização de conceitos a fim de buscar a unidade do estudo. Não cabem, ao nosso ver, posições de meio-termo, ou intermediárias, como querem alguns autores. A simples atenuação do princípio não lhe retira a condição de incidente. De fato ele existe, porém, pelas circunstâncias do mister é observado desta ou daquela maneira, com aquela ou esta grandeza. É simples: existe ou não existe. Incide ou não.

Com outro entendimento, evidentemente, há aqueles que aceitam, de forma pacífica, a presença do contraditório no processo de execução. Nesta esteira de doutrinadores encontramos inúmeros nomes proemi-

---

[39] Giuseppe Tarzia, "O contraditório no Processo Executivo", *in Revista de Processo* nº 28, pp. 57 e 58.

nentes no estudo do processo e, especificamente, no de execução. Iniciaremos por examinar o pensamento de Cândido Rangel Dinamarco,[40] que entende, de fato, ter o processo de execução como objetivo principal os atos de realização, e não de conhecimento puro. Há, entretanto, toda uma dinâmica tendente à satisfação do credor sem, todavia, descurar dos princípios básicos do processo civil e especialmente o do contraditório.

O fato de a execução visar a retirar do patrimônio do devedor certa parcela e transferi-la ao credor, em atos práticos, não lhe retira a necessidade de observar as técnicas e os princípios processuais, sem as quais, defende o professor paulista, não seria possível manter o mínimo de igualdade entre a exigência da satisfação do credor e o patrimônio do devedor. Defende esta posição, pois a execução não é mero procedimento e quando se fala em processo de execução se está falando de processo mesmo e, portanto, cercado de todas as garantias legislativas tendentes ao escopo final, que é o da pacificação social.

Como poderá ser atendida dita pacificação social sem haver a instauração de meio judicial com todas as garantias constitucionais emprestadas pelo Estado, especialmente no processo de execução? Como vai alcançar o desiderato sem a citação, sem o conhecimento de questões incidentes ao feito? É óbvio, continua o professor do

---

[40] "A execução forçada faz-se ao longo de um procedimento estabelecido em lei e que serve para preparar o provimento final satisfativo, o qual por sua vez, se chegar a ser emitido, irá beneficiar a uma pessoa e irá desfalcar patrimonialmente a outra. Por isso é que, já no capítulo precedente, houve a preocupação de situar a execução nos quadrantes do processo e explicar a dinâmica integral de seu procedimento sobre o pano de fundo da relação processual. E, como esta é a instrumentalização jurídica da exigência política do contraditório, conclui-se que tal garantia constitucional se faz presente ao processo de execução, sem ser limitado ao cognitivo. Sem isso não seria possível estabelecer o indispensável equilíbrio entre a exigência da satisfação do credor e a de respeito ao devedor e seu patrimônio. Pelo aspecto da técnica processual e seus conceitos fundamentais a existência de uma instrução no processo executivo é sistemático da incidência da garantia constitucional do contraditório nesse processo." Cândido Rangel Dinamarco, *in Execução Civil*, 4ª ed., Malheiros, São Paulo, 1994, pp. 165 e 166.

Largo de São Francisco que, quanto ao mérito da causa, pela própria estrutura procedimental, não é aconselhável ser questionada, mas todos os incidentes necessários a sua consecução devem ser conhecidos, discutidos e decididos dentro do processo de execução.

A grande questão a ser posta e que, por certo, facilitará a compreensão do tema sob exame, é, efetivamente, a de que não se está falando sob o ponto de vista do mérito cognitivo da causa, pois aí sim, estaríamos a tentar destruir a teoria dos títulos de créditos - que a nosso ver é importantíssima para o desenvolvimento social e econômico. A partir da criação dos títulos de créditos extrajudiciais, impulsionaram o comércio, a indústria, a agricultura, as exportações, os serviços. Hoje, quase todos os setores possuem seus títulos executivos com força legal. Não é o objetivo desnaturar este aparelho. Não devem ficar preocupados os conservadores. Queremos, apenas, demonstrar que a teoria, dogmaticamente insculpida, avessa ao contraditório dentro do processo de execução, é, em primeiro lugar, falsa; em segundo, perniciosa para o processo e para as partes; em terceiro, ilusória, devendo ser considerada dentro da dinâmica processual, visando sempre ao escopo a que se destina, como elemento de segurança da própria atividade estatal administradora e prestadora de jurisdição.

Quanto a este aspecto, não podemos olvidar, e para tanto trataremos do assunto isoladamente, é da exceção de pré-executividade, que ataca o título ou as condições de admissibilidade.

O mestre Pontes de Miranda,[41] ao comentar as ações executivas de cognição incompleta, como denomina, ob-

---

[41] "A correspondência entre ação de cognição, maior ou menor, e a espécie de executiva é dado de técnica legislativa *de lege data*, constitui elemento de interpretação de regras de direito pré-processual. Não que essa cognição não se complete: apenas se admite a prestação jurisdicional, que passa a ser na execução provisória, isto é, nas espécies, completa quanto ao objeto e incompleta quanto ao tempo, ou se adiante em parte, quanto ao objeto pela possibilidade de contra-executar." Pontes de Miranda, *in Comentários ao CPC*, Forense, 1976, Tomo IX, pp. 26 e seguintes.

serva que quando o Estado atribui a algum documento ou causa certeza suficiente para que se possa fazer a execução, dita certeza é diversa para todos os casos de efeitos executivos. A prevalência, diz Pontes, é pelo efeito executivo nesse procedimento, diversamente da cognição onde prepondera o efeito declaratório, constitutivo, condenatório ou mandamental. Mas admite a presença do conhecimento na execução, guardadas suas proporções e desideratos. Alguma cognição há. Não há completa e tem razão o legislador para tanto, continua do alto de seu magistério.

O desembargador e professor Araken de Assis[42] está entre aqueles doutrinadores que lecionam existir um contraditório eventual dentro do processo de execução. Assim, portanto, participa da corrente daqueles mestres de escol que vislumbram a presença da dialética dentro da execução. Pois, como dissemos alhures, ela existe, seja de forma eventual ou continuada. A simples denúncia de sua presença é bastante como elemento caracterizador, e para efeitos científicos basta.

Alega o processualista que, apesar de o processo de execução estar voltado para operações práticas desenvolvidas no mundo fático, não pode ser estranha ao juiz da causa a realização de atividades cognitivas necessárias ao cumprimento do objetivo final que, como ensina, é a modificação efetiva da realidade material. Ou seja, a satisfação do credor com a transferência de patrimônio daquele para este.

Outra opinião respeitadíssima no cenário processual brasileiro é a do eminente professor e escritor José

---

[42] "Assim, por exemplo, o juiz profere um juízo acerca de um erro de avaliação, mandando-a repetir: ou acerca de uma irregularidade da arrematação. Nestes casos, como em tantos outros dispersos nos ritos, o núcleo do ato do juiz não é, em absoluto, equivalente a ato executivo, antes se aproxima de um ato de cognição ou apreciação que caracteriza o processo de conhecimento. Afirma-se então que coexiste no processo executivo uma cognição eventual." Araken de Assis, *in Manual do Processo de Execução*. Letras Jurídicas Editora, Vol. I, 1987, p. 32.

Frederico Marques[43] que, ao examinar o assunto, antes mesmo do advento do CPC em vigor, já lecionava a possibilidade da existência do contraditório dentro do processo de execução; citando Redenti e Crisanto Mandrioli, alega ter o contraditório, nesse caso, significado diverso do que no processo de conhecimento, mesmo sendo as partes da execução sujeitos da relação jurídica processual, possuindo poderes e direitos processuais.

Sustenta este posicionamento porque, quanto ao mérito, dentro do processo de execução, não é permitido ao réu exercer oposição, entretanto, o princípio se desenvolve em questões atinentes a certos atos da execução. As partes têm poderes, no processo, para intervir, opinar sobre o conteúdo e desenvolvimento dos atos articulados.

Em trabalho apresentado como tese de mestrado na Pontifícia Universidade Católica de São Paulo, o professor Marcelo Lima Guerra,[44] ao abordar o assunto, defende a incidência do contraditório no processo de execução, afirmando ser uma das maiores evidências o artigo 9º do CPC, que exige, quando na execução o réu é citado por

---

[43] "Além do mais, é o executado sujeito parcial (ou parte) no processo de execução, sendo assim titular de poderes e direitos processuais. Claro está que, no processo de execução que se desenvolve sem procedimentos incidentais, nada pode opor o executado, em relação ao mérito da sansão que lhe está sendo imposta para intervir e opinar sobre o *quomodo exequendum vel porcedendum* desses mesmos atos." José Frederico Marques, *in Instituições de Direito Processual Civil*, Forense, 1ª ed., Rio de janeiro 1960, Vol. V, pp. 82 e 83.

[44] "Como anota Dinamarco 'a doutrina definiu o contraditório como a necessária ciência para ambas as partes do que se faz ou que se pretenda seja feito no processo e a possibilidade de cooperar e contrariar'. Tendo como premissa tal concepção de contraditório não há de deixar de reconhecer a sua incidência no processo de execução. Desde logo é assegurada a necessária informação do que ocorre nesse processo, onde também é indispensável citação inicial, bem como a intimação dos demais atos processuais. Dessa forma conclui-se, claramente, que o princípio do contraditório incide plenamente no processo de execução, tanto por ser aí garantida a necessária informação (especialmente a citação inicial do devedor) sobre os atos processuais, como também por assegurada a participação do devedor no controle da regularidade da execução." Marcelo Lima Guerra. *Execução Forçada*, Revista do Tribunais, 1995, São Paulo, pp. 26 a 30.

edital, a presença de curador especial para o desenvolvimento válido e regular do feito. Admite, entretanto, tratar-se de tema polêmico, mas hoje completamente pacificado pelo Supremo Tribunal Federal. Da mesma sorte, para dar eficácia ao artigo 620 do CPC, comenta o mestre, deve o réu participar dos diversos atos processuais, especialmente aqueles que podem originar decisões interlocutórias.

Conclui, peremptoriamente, pela incidência do princípio no processo de execução, especialmente pela necessidade da citação e do acompanhamento do executado para que o feito se desenvolva com o fim de satisfazer o credor, mas da maneira menos gravosa para o devedor.

Com o mesmo pensamento do professor cearense antes citado, Antônio Carlos Marcato,[45] entendendo também que, pela necessidade da citação do executado e ciência obrigatória da lide para o acompanhamento de todos os atos processuais tendentes à satisfação do credor, o princípio é claramente identificado no bojo do processo de execução.

O mestre mineiro Humberto Theodoro Junior,[46] autor de várias obras dentro do direito processual, especial-

---

[45] "Também no processo de execução vigora o princípio, se bem que a doutrina em geral demonstre forte tendência em negar sua presença ou em ver na execução somente um contraditório mitigado e eventual. No entanto, o processo de execução manifesta a cada passo o princípio, quer pela exigência da citação do devedor, quer pela imposição da intimação da penhora, quer ainda pela possibilidade que se abre àquele para impugnar a avaliação, pedir a redução da penhora ou opor-se ao pedido de reforço da mesma." Antônio Carlos Marcato, *in Preclusões: Limitação ao Contraditório?* Artigo publicado na Revista de Processo nº 17, p. 112.

[46] "Aplica-se, então, o princípio do contraditório ao processo de execução para propiciar àquele que suporta a atividade executiva meios de se bater contra a 'liquidação ruinosa de seus bens'. Não se pode, outrossim, admitir um processo sem contraditório, sem que dos atos e termos do juízo seja dada ciência a todos os que devam suportar as conseqüências. Daí a relevância de atos executivos como os editais e as intimações que antecedem a arrematação dos bens penhorados, cuja imperfeição, ou inobservância conduz à nulidade da expropriação executiva, por evidente quebra não só do princí-

mente dedicado ao estudo da execução, aborda o tema dizendo que ninguém pode ser atingido na esfera jurídica sem lhe ser dada oportunidade de defesa. Especialmente pelo fato de ser o princípio do contraditório constitucionalmente assegurado e uma peça imprescindível do *due process of law*, afirma não se tratar de exclusividade do processo de conhecimento, incide também no processo de execução.

Outro autor, professor e advogado em São Paulo, que tem contribuído significativamente para o estudo da ciência processual, produzindo obras de inevitável consulta a quem, de fato, se propõe a um estudo sério do processo civil contemporâneo, é José Rogério Cruz e Tucci,[47] que defende a bilateralidade dos atos e termos processuais no processo de execução. Assim como Ovídio Baptista da Silva,[48] não denomina o princípio de contraditório, mas de bilateralidade da audiência, acrescentando que também o processo de execução, nada obstante a realização de operações práticas no desenrolar de seus atos, não fica imune à dialética típica de qualquer processo.

Na doutrina alienígena encontramos, tanto como na nacional até aqui comentada, inúmeros escritores que se dedicaram ao estudo do tema. Reproduziremos opiniões de apenas alguns deles, tendo em conta que o conteúdo e

---

pio da legalidade mas sobretudo do contraditório e da garantia do devido processo legal". Humberto Theodoro Junior, em artigo em homenagem ao Professor Alcides Mendonça Lima. *Processo de Execução e as Garantias Constitucionais a Tutela Jurisdicional*, Porto Alegre, Sérgio Fabris Editor, 1995, p. 156.

[47] "A despeito de ter em mira a realização das aludidas operações práticas, o processo de execução, no desenrolar de seus atos, não fica imune à dialética de qualquer espécie de processo. Com efeito, embora não se possa dizer que haja cognição acerca do *meritum causae*, a preparação, no processo de execução, através de inúmeras providências instrumentais, do ato final de satisfação do credor, se caracteriza pela inafastável atuação do juiz e com a colaboração das partes". José Rogério Cruz e Tucci, em artigo publicado em homenagem ao Professor Alcides Mendonça Lima. *A tutela Processual do Direito do Executado*, Porto Alegre, Sérgio Fabris Editor, 1995, p. 242.

[48] Ovídio Baptista da Silva. *Curso de Processo Civil*, Vl. I, p. 55, Sérgio Fabris Editor, 1987.

a importância de suas propostas merecerem atenção especial.

Iniciamos por uma obra magnífica, na qual seu autor, Sérgio La China, aborda com firmeza o tema, fazendo um exame circunstanciado de todas as implicações que traduzem a presença do contraditório no processo de execução.

Seu estudo inicia pela forma mais embrionária de formação do conflito. Começa por verificar que, para existência de um processo, é necessário um autor e um réu em posições distintas. Na execução, continua, há o credor insatisfeito e o devedor inadimplente. Afirma que se existe um, é porque, necessariamente, existe o outro, pois se assim não fosse não existiria a insatisfação e muito menos o processo.[49]

Esta é uma posição pré-processual, mas sem dúvida se esta não existir, não ocorrerá a seguinte, ou seja, a processual. Não é possível, como diz o autor,[50] existir uma posterior sem a existência de uma anterior. É uma questão de lógica formal. É a primeira resistência. Tal contrariedade manifesta-se imediatamente ao descumprimento voluntário. Instala-se, desde aí, o contraditório.

A presença da dialética no processo, prossegue o mestre peninsular, remonta ao início da organização judiciária. A própria lei, no âmbito normativo, disciplina o contraditório como elemento essencial para a existência da própria demanda, quando alude às figuras do autor e

---

[49] "Come, in un rapporto dialettico genuino, un elemento genera il suo contrario, ed è il contrasto che li lega e li fa permane; così, nel processo, esiste un problema di posizioni passive poiché taluno si è fatto attivo contro o verso qualche altro, e i concetti con cui si vogliano descrivere quelle posizioni (il convenuto, la difesa, l'eccezione...) presuppongno tutti e sono stimolati da quella prima iniziativa." Sérgio La China. *L'esecuzione Forzata*, Giuffrè, 1970, p. 391.

[50] "La realtà dei problemi giuridici, che è realtà della situazione concreta e del dettaglio, coincide sempre a fatica, e imperfettamente, con le premesse di massima; e lo specifico problema che ora ci aspetta - principio del contraddittorio ed execuzione forzata - non è di quelli cui giovino molto gli inquadramenti generalissimi." Sérgio La China, ob. cit., p. 391.

do réu, aquele que propõe e aquele contra qual é proposta uma ação, pelo fato do descumprimento voluntário de alguma obrigação, sob pena de inexistir a *causa petendi* válida e, por conseqüência, desnaturar o processo. Assim, também o processo de execução não deverá apartar-se deste conceito de demanda, em função da resistência de uma das partes. Há sempre uma evidente reação de contrariedade calcada no próprio sentido do descumprimento de uma obrigação decorrente de título executivo - extra ou judicial - sempre representativo da obrigação que não foi honrada espontaneamente. Na verdade, na execução não há uma resistência quanto à existência do direito, mas contra a satisfação do mesmo.

Ensina La China[51] que o estudo deve ser feito no âmbito do processo e deve se reservar ao conteúdo processual, pois a mais vigorosa noção civilista de crédito impede que, no processo de execução, se discuta o mérito da causa, e, portanto, resta gravitarem os processualistas apenas na órbita que lhes pertence: o processo. Para tanto, busca arrimo no artigo 101 do CPC italiano, que, entende, ser a fonte inspiradora de todo o procedimento dialético endoprocessual vigente na Itália.

Certo é que o contraditório se faz presente no processo de execução. Não de uma forma tradicional, como meio de obtenção de prova para criação do direito. Na execução o direito - mérito - já está criado, ou pela sentença anterior, ou pelo título extrajudicial. Neste sentido, sim, concordamos, deve o contraditório ser atenuado, pois se incidir plenamente deixa a execução de ter sua finalidade - vide exceções de pré-executividade -, perpe-

---

[51] "Comunque non a queste reflessioni vogliamo affidare il nostro discorso sul contraddittorio; esse ci servono per ambientare, diremmo, l'art. 101 nell'esecuzione; meglio, per mostrare que anche questo momento della tutela giurisdizionale è compatibile con la direttiva espressa nell'articolo in esame; ma è chiaro che, ferma questa prima conclusione di mero enquadramento, solo l'analisi e la cura del dettaglio può portare e risultati più precisi". Sérgio La China, ob cit., p. 393.

tuando os processos indefinidamente, com graves prejuízos às partes e ao próprio aparelho judiciário. Todavia, deve ter presença, sim, no processo. Presença inestimável na esfera dos procedimentos tendentes à realização do direito. O ônus do cumprimento é recusado pelo devedor da obrigação em todos os momentos e no limite das suas forças. O processo de resistência, de contrariedade, é nato do ser humano e não seria dentro do processo de execução, por simples apego a dogmas ou paradigmas, que se faria desprezado, submetendo o devedor a imposições até maiores do que deveria suportar pelo simples fato de não poder refutar.

A idéia do professor italiano nos parece coerente, inclusive, com a melhor doutrina, afastando a ganância do tecnicismo e o amor às fórmulas, abordando o tema com o mais simples e primário dos sentimentos: o sentimento de finalidade e justiça. A análise é feita de prisma diverso daqueles que só pensam em examinar os conteúdos dos atos e o escopo do processo através do formalismo exagerado e predatório, de quem abandona o principal objetivo do processo: o de servir como instrumento de pacificação social, mantendo as pessoas satisfeitas dentro de suas comunidades, sem brigas, sem desavenças. Dando umas às outras aquilo que efetivamente deve ser dado, por força da lei ou contrato, nada mais.

Não podemos estudar o direito ou processo como ciência matemática. São coisas do dia-a-dia, vivenciadas pelas pessoas em plena e constantes mutações. Não são estáticas ou passíveis de fixação de regras que jamais serão revistas, pois rotuladas de científicas - porque foram observadas em um número bastante grande de casos, sob a apreciação de uma série de pessoas que, naquele momento, sob aquelas condições e com aqueles objetivos os aprovaram - e que, segundo determinados doutrinadores, não podem ser quebradas ou contrariadas. Isto é fundamental ao estudo das ciências sociais, sempre em evolução, aí incluindo-se o direito: deve ser posto para servir à sociedade, e não ser servido por ela.

Com esses pressupostos de ordem social, é que nosso tema deve ser posto em cheque, pois é fundamental para o direito democrático sua existência. Como diz o professor Ovídio Baptista da Silva, o contraditório "é princípio cardeal para a determinação do próprio conceito de jurisdição".[52]

No direito moderno contemporâneo e democrático, onde o Estado chamou para si a administração da justiça e a distribui através da prestação jurisdicional, pois só a ele é dado exercer jurisdição, não se há de prescindir, destarte, de um dos princípios norteadores dessa estrutura, como diz o mestre gaúcho, independente de qual seja o procedimento: conhecimento, execução ou cautelar.

Assim também Carnelutti,[53] citado por Isolde Favaretto, diz que o princípio do contraditório é a garantia mais eficaz da imparcialidade do juiz. Afirma que o progresso da ciência processual permite, através de seus avanços, visualizar a presença do contraditório também no processo de execução. Altera a posição do executado no feito, deixando de ser mera parte em sentido material para se tornar parte em sentido processual, cabendo-lhe, daí, funções de agir e reagir em defesa de seus interesses processuais.

Um estudo que não podíamos olvidar nesta nossa pesquisa é de produção do mestre italiano Giuseppe Tarzia, vertido para o português por Maria Celina Arruda Alvim, onde é feita uma análise profunda do direito italiano, a partir do artigo 101 do CPC, combinado com o artigo 24 da alínea 2ª da Constituição daquele país, mas

---

[52] Ovídio Baptista da Silva. *Curso de Direito Processual Civil*, Sérgio Fabris Editor, Porto Alegre (RS), 1987, Vol. I. p. 55.

[53] "l'uffucio esecutivo, anche se non adempie al compito di accertamento, che è proprio del giudice, deve pur fare continuamente la applicazione della lege e perciò anzitutto conoscere il fatti", In Isolde Favaretto, *Comportamento Processual das Partes*, p. 41.

que, sem dúvida alguma, como diz a tradutora, é facilmente compreendido à luz do direito brasileiro.

Tarzia[54] ensina que, efetivamente, os atos de execução e realização do direito são de ordem prática, mas toda a preparação destes se desenvolve em procedimentos que exigem, por força constitucional, a presença do contraditório. São, como diz, os elementos representantes do conteúdo mínimo e irredutível do contraditório.

Examinado sempre à luz do direito italiano positivo, continua o mestre, fazendo uma distinção da aplicação do contraditório na execução. Diz não haver, de fato, um contraditório prévio, como no processo de conhecimento, face às peculiaridades da execução em razão de sua estrutura e finalidade. Todavia, essa eventual diversidade existente entre execução e conhecimento não deve ser interpretada a ponto de se negar a regra *audiatur et altera pars* também no processo de execução. Respeita, evidentemente, sua doutrina, a teoria dos títulos de créditos que produzem a executividade, isto é, o direito não será contestado na execução, ele é derivado do título. Este é o ponto cardeal de todo processo executivo, deve assim, ser respeitado. Todavia, os atos tendentes à realização desse direito possuem carga contraditória. As partes estão em juízo, via propositura e citação, para auxiliar o magistrado na condução do feito, a fim de satisfazer o credor da forma menos desgastante para o devedor. Essa

---

[54] "Mas se óbvias as razões de imediatidade da tutela executiva, conjuntamente com a eficácia incondicionada do título executivo, induzem-nos a excluir, também de *jure condendo*, a instauração de um contraditório preliminar em relação ao cumprimento ou prática do ato executivo ou pré-executivo. É também verdade que a notificação do título, que faz com que o devedor saiba o que contra ele existe que se quer executar, e ainda mais a notificação do preceito como intimação de cumprir a obrigação contida no título 'como advertência que, em caso de falhas, se procederá à execução forçada', observem aquele ônus de informação do sujeito passivo da execução, e precisamente de expressão da pretensão executiva, que constituí um dos elementos representantes do conteúdo mínimo e irredutível do contraditório." Giuseppe Tarzia, artigo: O contraditório no Processo Executivo, *in* Revista de Processo, nº 28 p. 64.

possibilidade de propor, de auxiliar, podendo valer-se de todos os meios disponíveis no direito processual é a expressão cristalina do contraditório na execução. A formação do ato final da execução é eivada de elementos que denunciam o contraditório. Tanto é que, se inobservados alguns dos requisitos, especialmente o dialético, é passível de nulidade, sendo maior ou menor sua extensão de acordo com a substância do ato. Dessumemse tais conceitos dos diversos dispositivos legais existentes no CPC - citando especificamente os artigos 495, 496, 530, 569, 572, 590 e 631 - que contêm normas disciplinadoras do processo de execução, e possuem conteúdo eminentemente contraditório.

O estudo, bastante abrangente, não deixa dúvidas de que a doutrina que prega a impossibilidade de aplicação do contraditório no processo de execução está completamente equivocada. Tal comportamento acarretaria uma volta ao passado distante, onde a truculência era a tônica. Os sistemas democráticos contemporâneos não admitem a submissão das pessoas umas pelas outras. O sistema de paridade de forças, o sistema de igualdade processual, como quer seja chamado, é elemento fundamental de garantia constitucional. Não há dúvida de que o próprio direito positivo, tanto o italiano, pelas conclusões de Tarzia,[55] quanto o nacional, possuem, em seus conteúdos,

---

[55] " Se a análise a que aqui procedemos tem algum valor, parece possível responder, como base no direito positivo, à questão formulada no início do trabalho, sobre a qual se constatou haver uma grande discórdia de opiniões. Parece possível fornecer uma solução fundada sobre a estrutura legislativa dada aos vários processos executivos que é capaz de furtar-se às censuras apriorísticas, ou virse-versa, de aproximação ou de amplitude a que se expõe boa parte das teses acima referidas. O processo executivo para expropriação e, em menor escala, os processos executivos sob forma específica, aparecem, portanto, dominados nas suas fase judiciais pelo princípio do contraditório, não só no que se diz respeito ao seu perfil formal (*audiatur et altera pars*) mas também no que diz respeito aos seus aspectos substanciais que o ligam ao direito constitucional de defesa." Giuseppe Tarzia. "O contraditório no Processo Executivo", *in Revista de Processo* nº 28, p. 84.

mesmo que voltados ao processo de execução, disciplina que observe efetivamente o contraditório.

De fato, as conclusões do professor peninsular são aquelas que efetivamente gostaríamos de chancelar. O exame de diversos doutrinadores, efetivamente, nos traz a idéia precisa de como se desenvolve o fenômeno do contraditório no processo de execução. Como diz La China, o devedor não resiste ao direito, mas sim à satisfação do direito.

Aqueles que dessa idéia não comungam, dessume-se que, partem de premissas equivocadas para a conceituação de processo e de procedimento, pois não é crível que não vislumbrem dentro da execução a cognição ampla que se desenvolve nos atos preparatórios ao provimento final. Não são, é verdade, o próprio sentido da execução, mas são verdadeiramente aqueles que proporcionam o escopo maior. Não existe um sem o outro. Não há satisfação do credor (quando instaurado o processo) sem que haja penhora, avaliação, praça, arrematação. A entrega do produto é o ato derradeiro que se ultima. Não seria possível sua realização sem que as providências anteriores fossem ultrapassadas.

É verdade também, como ensina Comoglio,[56] que na execução, pela sua própria estrutura, a forma do contraditório é diversa daquela existente no processo cognitivo. Isso é muito simples de se entender: os objetivos são diferentes: um o de produzir o direito; o outro de realizar o direito. Não poderia ser entendido de outra forma. Os conteúdos são diversos, o modo de incidência, a produ-

---

[56] "B- Dal punto di vista della sua estruttura, il processo di esecuzione: - prevede una formale contrapposizione di parti (creditore procedente e debitore esecutato), che non coincide appieno con quella (fra attore e convenuto) proprio del processo di cognizione, realizzando quindi in forme del tutto particolari (ed attinuate), l'eguaglianza ed il contraddittorio fra il soggetti coinvolti". Luigui Paolo Comoglio, Principi Constituzionali e Processo di Esecuzione, *in Revista di Diritto Processuale*, ano XLIX (seconda serie), nº 2, CEDAN, 1994, p. 459.

ção dos atos e termos, tanto no aspecto formal, quanto no material.

Para nós, é inequívoco que o contraditório incide no processo de execução. O exame doutrinário esclarece peremptoriamente a questão. *Não resta dúvida* da ocorrência deste fenômeno. Passaremos a analisar detidamente, no capítulo seguinte, quando e de que forma se dá dita incidência, assim como, também, para que serve sua aplicação. A execução é apenas um dos tipos de processo previsto na legislação atual. O contraditório incide, conforme comando constitucional, em todo o processo civil, logo, por uma questão de silogismo primário, também sobre o processo de execução.

6. Contraditório e sua incidência - Execução por créditos

Examinamos, detidamente, nos capítulos anteriores, razões, que julgamos serem indiscutíveis, para o contraditório não sofrer discriminação em qualquer tipo de procedimento, *a fortiori* no de execução. Verificamos que sua origem deriva de princípios constitucionais. Também constatamos, pela história, nem sempre ter sido assim. Houve momentos, em razão do sistema político adotado, que os mecanismos de garantias individuais eram afastados dos meios judiciais.

Por outro lado, pautamo-nos por navegar entre os autores nacionais e estrangeiros que de alguma forma trabalharam no tema. Constatamos não ser pacífica a postura doutrinária. Há posições extremes. Há outras mais equilibradas. Todavia, podemos constatar que as divergências são derivadas de equívocos nos métodos de observação, ou de veneração desproporcional a conceitos previamente identificados e mantidos a qualquer custo.

Sempre pregamos a idéia do processo como um instrumento a serviço da sociedade e que deve cumprir seu escopo social mais significativo: o de servir ao direito como mecanismo de pacificação. Para que se atinja este mister não se pode afastar a idéia de que regras para a consecução destes objetivos devem existir, mas não podem ser pétreas, imutáveis, sob pena de, a partir de um determinado momento, não atender mais às necessidades para as quais foram criadas, transformando-se num entrave ao processo. Com este objetivo, defendemos sempre a incidência do contraditório, também, no processo de execução, mesmo contra algumas posições mais conservadoras. E, assim, passamos a examinar o tema procurando identificar, nesse procedimento, quais os momentos onde se faz presente o sempre imprescindível contraditório.

6.1. Citação

O CPC, em seu artigo 214, determina: "para a validade do processo, é indispensável a citação inicial do réu."

O mesmo diploma, quando trata de execução, além de determinar aplicação subsidiária das disposições do processo de conhecimento - artigo 598 do CPC - contém, no livro II, para todos os tipos de execução obrigacional, a previsão da citação. Inclusive com disposição expressa, atribuindo nulidade do procedimento quando não houver a citação válida.

"Artigo 618. *É nula a execução.*

II - Se o devedor não for regularmente citado."

No caso de execução para entrega de coisa certa.

"Artigo 621. O devedor de obrigação de entrega de coisa certa, constante de título executivo, será *citado* para dentro de 10 dias,..."

Quando se tratar de obrigação de fazer.

"Artigo 632. Quando o objeto da Execução for obrigação de fazer, o devedor será *citado* para satisfazê-la..."

O mesmo ocorre quando estudamos a execução por quantia certa.

"Artigo 652. O Devedor será *citado*, para no prazo..."

É inconteste, portanto, que para a validade e desenvolvimento eficaz, o ato que desencadeará o processo judicial é o da citação. Sem este, não há processo como mecanismo de prestação jurisdicional. Existindo a intenção de exigir alguma obrigação de alguém - não satisfeita espontaneamente - é necessário que o destinatário dessa ação seja, efetivamente, informado pela citação.

Convenhamos, esta não será a maior expressão do princípio do contraditório? Sendo este o dever de "dar ciência para ambas as partes do que se faz ou que se pretenda seja feito no processo"![57] Está na citação o expoente maior do contraditório, pois sem ela o processo não existe. Negar evidências não é a melhor técnica para manter os paradigmas intactos.

Marcelo Lima Guerra[58], ao estudar a incidência do contraditório no processo de execução, leciona ser uma das marcas da aplicação do princípio, justamente, a necessidade de nomeação de curador especial, com base no artigo 9º do CPC, ao executado, citado por edital, para que se instaure efetivamente o processo, como expressão jurisdicional.

Independe, no momento e para o fim de nosso estudo, adentrarmos na questão, efetivamente polêmica, da aplicação ou não da citação por edital ou com hora certa, no processo de execução. Louvamo-nos, portanto, dos ensinamentos de Araken de Assis[59], e do próprio professor Marcelo Lima Guerra, pois, além de reconhecerem a polêmica, entendem seja possível tal procedimento.

Na verdade, o disposto nos artigos 617 e 598 do CPC possibilita a realização do ato de citação, no processo de execução por edital. Da mesma sorte, a jurisprudência do

---

[57] Cândido Rangel Dinamarco, ob. cit., p. 168.

[58] "Não se pode duvidar que a nomeação de curador especial ao citado por edital, ou por hora certa que não comparece em juízo, é uma exigência da garantia do contraditório, entendido naquele seu aspecto de indispensável informação. Como não se ignora, a citação por edital ou por hora certa são reconhecidas como exemplo de citação ficta, já que não fornecem nenhuma garantia que o citado por esses meios tenha tomado conhecimento de que contra ele foi proposta uma demanda" Marcelo Lima Guerra, ob.cit. p. 28.

[59] "Modos de Citação... A realização do ato por edital é possível e, às vezes, imprescindível, para se produzirem perante o devedor os efeitos do artigo 617 do CPC" Araken de Assis, ob. cit. p. 337.

STF[60] também chancelou a hipótese, por imperativo legal.

Não há dúvida. O entendimento de tais doutrinadores é partilhado por nós também, pois, de fato, a necessidade de citação é elemento que denuncia, *in limine*, a presença do contraditório no processo de execução. Sem ela não há processo válido, portanto, não havendo o conhecimento da parte contrária inexiste a possibilidade de ter seguimento regular o feito. É a soberania do princípio do contraditório no nosso sistema jurídico.

6.2. Nomeação

Vencida a fase da citação, formadora do processo de execução, onde se verifica o primeiro elemento a demonstrar a incidência do contraditório, resulta que o devedor é instado a pagar ou fazer a nomeação de bens à penhora (artigo 652, CPC *in fine*).

Estamos iniciando a fase preparatória dos atos expropriatórios. Chegamos à penhora, cuja finalidade é individuar os bens sujeitos à constrição judicial e garantir a final satisfação.

Refoge, nesse momento, adentrar na polêmica sobre a natureza jurídica, a função ou finalidade da penhora. Basta-nos, por ora, examinar o ato de nomeação, onde se abre a possibilidade de as partes levarem ao juiz matéria suficiente para exercitar o poder de conhecer e decidir, num verdadeiro contraditório, dentro do processo de execução.

A lei processual determina: incumbe ao devedor fazer a nomeação dos bens; indica também uma ordem a ser seguida, conforme estatui o artigo 655 do CPC:

"Art. 655. Incumbe ao devedor, ao fazer a nomeação de bens, observar a seguinte ordem: ..."

---

[60] RE. 108073, *in RTJ*, nº 120, p. 1276.

Assim, está o devedor autorizado, pela lei, a fazer a nomeação de bens pertencente ao seu patrimônio, seguindo a ordem, modo e condições constantes no artigo supra.

Todavia, sabe-se, nem sempre é, pelo devedor, observada a ordem e condições antes mencionadas. Às vezes por impossibilidade fática, em outras por atos que não demonstram um comportamento processual dos mais recomendados. É a realidade. Quantas e quantas vezes, devedores recebendo um mandado de citação para pagar ou nomear bens, optam pela última, fazendo a indicação de verdadeiras sucatas, ou bens fora de comércio, apenas para exercer o seu direito e protelar o feito. Outras vezes, mesmo em desobediência à ordem legal, devedores, imbuídos do princípio de lealdade, indicam bens que, para o credor, são extremamente interessantes, ou pelo valor de mercado, ou pela facilidade de colocação - são de fácil comercialização.

Frente ao exercício da nomeação, efetuado pelo devedor, não cabe outra alternativa ao magistrado, senão mandar intimar o credor para ver se este aceita ou não a nomeação feita pelo executado. É o que dispõe o artigo 656 do CPC.

"Art. 656 - Ter-se-á por ineficaz a nomeação, salvo convindo ao credor..."

Intimado, abre-se para o credor a possibilidade de silenciar ou de impugnar a nomeação feita. A faculdade de agir é sua, mas o importante para a lei, em respeito ao princípio do contraditório, é seja-lhe dada a oportunidade de manifestar-se, e não a necessidade de fazê-lo, basta ao juiz abrir-lhe tal possibilidade. A opção é sua. Impugnando a nomeação, abre-se um verdadeiro incidente dentro da execução e anterior à penhora, pois versa, ainda, sobre a individualização e a quantificação dos bens tendentes a preparar a expropriação.

Como leciona Arnaldo Marmitt,[61] incide agora a regra do art. 598 do CPC, que remete, nestes casos, à aplicação dos dispositivos existentes para o processo de conhecimento, pois de fato o juiz terá que conhecer e depois decidir acatando ou não a nomeação. Aceitando-a, tem-se por eficaz a penhora. Não o fazendo, devolve ao credor o direito de indicar os bens.

Advirta-se, qualquer que seja a decisão interlocutória do magistrado da causa, oportunizará recurso, o que mais tarde veremos em toda a profundidade.

Como informa Pontes de Miranda,[62] a penhora não se realizará sem a manifestação do juiz sobre a impugnação do exeqüente à nomeação feita, pois é fundamental esteja decidida esta questão, de nuclear importância para o prosseguimento válido do feito. Não se pode admitir a redução a termo da penhora dos bens nomeados, sem estar decidida a impugnação, pois se, eventualmente, em sede de recurso, vier a ser considerada ineficaz, acarretará a nulidade de todos os atos praticados após aquele, causando enorme prejuízo às partes e desgaste ao processo.

De outra banda, quando há impugnação, como ensina Celso Neves,[63] não basta uma simples objeção, deve haver fundados argumentos para esta ser procedente. É um verdadeiro conhecer com profundidade. Um conhe-

---

[61] "O Artigo 598 do CPC ordena a aplicação subsidiária das disposições do processo de conhecimento ao processo de execução. Trata-se de um contraditório específico, parcial e atenuado. A natureza contraditória da execução, delimitada pela própria lei, serve de balizamento orientador na solução dos problemas que a lacunosidade do conjunto normativo acarreta. O princípio da subsidiariedade atinge todas as questões pertinentes à penhora, e que as mais diversas situações possam ensejar." Arnaldo Marmitt. *Penhora, Doutrina a Jurisprudência*, Rio de Janeiro, Editora AIDE, 1ª ed., 1986, p. 18.

[62] "A penhora não se pode realizar sem que o juiz se pronuncie sobre a impugnação do exeqüente à nomeação feita pelo executado" Pontes de Miranda. *Comentários ao CPC*, Tomo X, forense, 1ª ed., 1976, p. 244.

[63] "Não basta, pois, a simples impugnação para invalidar a nomeação; há mister a prova de malícia da perversão da ordem." Celso Neves. *Comentário ao CPC*, Forense, Vol. VII, 2ª ed., 1977, p. 55.

cer horizontal e vertical. Há o estabelecimento de uma cooperação mútua das partes, cabendo ao juiz decidir quem está agindo conforme os ditames da lei.

Ao comentar os procedimentos de impugnação à nomeação, Antônio Carlos Costa e Silva[64] escreve tratar-se de uma controvérsia dentro do processo de execução, de fundamento cognitivo, pois deve o juiz decidir as dúvidas suscitadas pela impugnação da nomeação feita pelo devedor.

É tão evidente a presença do contraditório nesse incidente processual, dentro da execução, sendo, inclusive, facultado ao juiz ordenar o comparecimento das partes e a ouvida de testemunhas, para só depois decidir sobre a impugnação. É, sem dúvida, uma das formas de reação contra a penhora com a utilização do contraditório pleno.

6.3. Penhora

Ultrapassada a fase da nomeação, não impugnada, lavra-se o ato de penhora, dele sendo intimado o devedor para firmá-lo e opor seus embargos ao mérito da causa, em processo cognitivo próprio. Impugnada e resolvido o incidente em favor do devedor, segue-se a mesma rotina procedimental.

Problemas surgem quando, por ineficácia da nomeação feita, é devolvido o direito ao credor ou, quando a constrição foi realizada pelo meerinho, dada a não-efetivação espontânea no prazo das 24 horas. As duas situa-

---

[64] "Oposto o reproche à nomeação, pelos fundamentos do artigo 656, salvo o caso do item IV, firma-se uma controvérsia dentro do Processo de Execução, em desacordo, portanto, com a sua índole temática. Por outras palavras: Instala-se no Processo de Execução um juízo cognitivo, porquanto, tal como está escrito no parágrafo único do artigo 657, incumbe ao juiz decidir de plano as dúvidas suscitadas pela nomeação, mais propriamente as dúvidas suscitadas pela impugnação, fundamentada, à nomeação." Antônio Carlos Costa e Silva. *Tratado do Processo de Execução*, 2º Vol., 2ª ed., Rio de Janeiro, Editora Aide, 1976, p. 853.

ções, para o nosso estudo, têm o mesmo valor, pois delas derivam conseqüências jurídicas semelhantes. Tanto no primeiro caso, quando o credor indica os bens do patrimônio do devedor, quanto no segundo, em que o oficial de justiça realiza a seu alvedrio o ato constricional, podem ocorrer incidentes processuais onde nitidamente se verifica a presença do contraditório.

6.3.1. Oposição à penhora

Antes de adentrarmos nos possíveis incidentes, derivados da penhora efetivada, em desagrado do devedor, deve-se atentar para o disposto no artigo 620 do CPC, que assim está redigido:

"Art. 620 - Quando por vários meios o credor puder promover a execução, o juiz mandará que o faça pelo modo menos gravoso para o devedor."

Na verdade o artigo não fala de espécie de execuções, mas de meios de realização. Tal princípio está presente em vários outros dispositivos, tais como, 652, 659, 668, 702, 716, 759 etc. O que lhe dá autoridade para ser respeitado em toda a sua extensão. Não tem o juiz o arbítrio, mas o dever de aplicar a regra, como adverte Pontes de Miranda,[65] devendo ser aplicado o *favor debitoris*, de ofício ou a requerimento da parte (Alcides Mendonça Lima[66] no mesmo jaez).

---

[65] "Para que se aplique o artigo 620, não é preciso que o credor se haja manifestado, nem é de afastar-se se houve alguma culpa do credor. Todavia pode o devedor declarar ao juiz que prefere outro modo que aquele que o juiz reputa gravoso. Com a concordância do credor não há problema. Se o credor não concorda, tem o juiz de decidir se a solução que o devedor aponta é um dos modos admitidos pela lei ou pelo contrato." Pontes de Miranda. *Comentários ao CPC de 1973*, Tomo X, Rio de Janeiro, Forense, 1976, p. 43.

[66] "O dispositivo confere poderes amplos ao juiz que deverá agir de ofício. Claro está que, podendo mais, o juiz poderá mesmo, isto é, indeferir postulações do credor, se entender que a sua efetivação seja gravosa para o devedor. O poder de indeferir está implícito na atividade de defesa do

Tal princípio é resultante da evolução da execução, como podemos observar no estudo dos fundamentos históricos retro: no início, era voltada para a pessoa do devedor, fisicamente, passo-a-passo foi desenvolvendo-se até chegar ao sistema moderno atingindo única e exclusivamente o patrimônio, não ultrapassando deste, e hoje, com arrimo no artigo 620, pelo modo menos oneroso.

Norma idêntica constava no revogado Código de 39, artigo 903. Essa foi uma inovação daquele diploma processual, pois tanto nos códigos estaduais, existentes até aquela época, quanto no Regulamento 737, não havia norma semelhante ou com esse objetivo. Amilcar de Castro,[67] ao comentar o artigo 903 do código antigo, refere-se ao texto legal dizendo que sua presença justifica-se pelo elevado índice de justiça e eqüidade que deve nortear o processo executivo, que tem um só objetivo: o de restabelecer o *status quo*.

É, sem dúvida, uma norma que demonstra a evolução democrática da sociedade, pois alcança mecanismo capaz de obstar o arbítrio, quando se trata de execução forçada.

A prática tem demonstrado, no mais das vezes, que o credor, no afã de ver seu crédito recuperado, ou a obrigação satisfeita, pois aqui trata-se de execução derivada de obrigações não-cumpridas, comete algumas atitudes quase como repressão ou, quiçá, coerção despropositada contra o devedor. Não raro, vêem-se, no cotidiano forense, autores indicando para penhora bens de seus devedores com valor, nada mais, nada menos, de cinco ou até dez vezes mais que o crédito a ser recuperado.

---

devedor, ainda que o código não o diga. como igualmente o anterior não mencionava." Alcides Mendonça Lima. *Comentário ao CPC*, Rio de Janeiro, Forense, Vol. VI, tomo II, 3ª ed., 1979, p. 756.

[67] "É um elevado índice de justiça e eqüidade, informativo no processo de execução de sentenças, este que o Estado deve, quanto possível reintegrar o direito do exeqüente com o mínimo de despesa, de incômodo e de sacrifício do executado. *Jus est ars boni et aequi.*" Amilcar de Castro. *Comentários ao CPC, de 1939*, Vol. X, Rio de Janeiro, Forense, 1941, p. 104.

Frente a esse episódio, pode o devedor atingido voltar-se contra seu credor, demonstrando que a medida efetivada pelo Judiciário é desproporcional, desmedida, e não atende aos princípios gerais da execução preconizados no artigo 620 do CPC, opondo-se à penhora.

Nesse momento, abre-se um incidente cercado de todas as garantias processuais e constitucionais, inclusive a do contraditório. A simples oposição à penhora, via petição, nos autos do processo de execução, obriga o juiz da causa a suspender os atos de conclusão da penhora - lavração do termo - para dar vista ao credor. De fato, não seria apenas um despacho de vista, seria um despacho para manifestar-ser sobre a pretensão deduzida pelo réu, de que o bem indicado não seria compatível, em nível de valores, com os discutidos.

Nessa oportunidade, como em qualquer outra onde haja conhecimento prévio à decisão, não basta a simples alegação, deve esta ser fundada em elementos do mundo fático, comprovadores de tal assertiva. Sendo assim, a cognição é plena, e se dá dentro do processo de execução, sendo-lhe prejudicial. Não deve o magistrado prudente dar seguimento, sem antes decidir o mérito do incidente, com quem está a razão. Para tanto, devem as partes ter ciência de todo o ocorrido, prestar suas informações e cooperar, podendo contrariar ditas alegações. Ora, isto é o contraditório, tendo-se por base a definição clássica de Canuto Mendes, alhures reproduzida, como sendo a *"ciência bilateral dos atos e termos processuais e a possibilidade de contrariá-los."* A prova, neste caso, é ampla, passando pelo depoimento das partes, por testemunhas e, principalmente, pela pericial que, *in causa*, é a mais elucidativa, pois apresentará os dados técnicos necessários e suficientes para o juiz aplicar o melhor sentido de justiça em sua decisão.

Múltiplas situações podem desencadear a oposição à penhora. Uma delas pode ser quando ocorre a penhora manifestamente gravosa, ou seja, quando esta incide sobre um bem de valor infinitamente superior ao da execução. O que não se confunde, como chama atenção Amilcar de Castro,[68] com excesso de execução.

A doutrina mais consagrada, quando aborda o tema, como ensina Arnaldo Marmitt,[69] afirma que tal ato geralmente se dá após a avaliação, devendo a alegação, tanto de excesso como de insuficiência, ser decidida após aquele ato. O próprio CPC possui regra expressa nesse sentido, materializada no artigo 685, onde está disciplinada a matéria, como veremos no item seguinte.

Todavia, para a espécie de penhora manifestamente excessiva, pensamos não ser necessário esperar a fase da avaliação, pois os danos decorrentes da constrição exagerada já terão ocorrido. A lavratura do auto, a inscrição no registro imobiliário, no caso de imóveis, a restrição ao comércio de tal bem; enfim, todas as decorrências gravosas resultantes de uma penhora efetuada, pelo oficial, ou pela indicação equivocada do credor, consumaram-se.

Ao nosso sentir, entendemos, nos casos de excesso, quando possa ser constatado com segurança, independente da avaliação judicial, tal qual como definida na lei, basta uma estimativa prévia, fundamentada, para o juízo da execução tomar as providências necessárias, de maneira a impedir a abusividade, ou mecanismos de pressão desproporcionais imprimidos pela constrição excessiva.

Nesse sentido, os ensinamentos de Pontes de Miranda,[70] denominando tal oposição de embargos à penhora.

---

[68] "Não se deve confundir excesso de penhora com excesso de execução. Excesso de penhora é a apreensão de bens de valor muito maior que o do crédito do exequente e seus acessório; só é alegável após a avaliação, mediante requerimento do devedor. Amilcar de Castro. *Comentários ao CPC*, 2ª ed., São Paulo, Revista dos Tribunais, 1967, p. 286.

[69] "A matéria envolve o princípio da suficiência. Geralmente as alterações ocorrem após a avaliação dos bens, quando constatada for a insuficiência ou o excesso da constrição." A penhora , ob. cit. p. 54.

[70] "Embargada a Penhora, com efeito suspensivo, não se atende ao pedido do art. 685, para o que se teriam de avaliar os bens (Conselho de Justiça do Tribunal de Apelação do Distrito Federal, 25 de agosto de 1944, J. T de A., 23, 10)" Pontes de Miranda. *Comentários ao CPC*, Forense, 1976, Tomo x . p. 236.

Entende o grande mestre não ser necessário esperar até a avaliação para opor-se à dita penhora.

O segundo tipo de oposição à penhora resulta daquela incidente sobre bens impenhoráveis - aqueles que possuem privilégio legal de não serem passíveis de gravames, tais como o único imóvel residencial, Lei 8009, de 23.09.90, artigo 69 do D.L. 167/67, artigo 57 do D.L. 413/69, assim como, também, aqueles elencados no artigo 649 do CPC e no Código Civil, como os bens dotais, reservados, etc.

Nalguns casos, o juiz conhece da impenhorabilidade de ofício, pois sendo derivada de lei de ordem pública, deve ser decidida de plano, independentemente de requerimento da parte lesada. Entretanto, de regra, não é o normal. Os juízes não têm ciência da condição de impenhorabilidade ou do gravame do bem. Tal condição deve ser fundamentadamente deduzida para possibilitar um exame cognitivo, tanto horizontal como vertical, facultando ao juiz decidir sobre a incidência da lei impeditiva ou não.

Deve, na maioria dos casos, haver a provocação da parte lesada, obrigando o juiz a dar ciência ao autor do ocorrido, ouvir suas razões, munir-se de elementos capazes de provocar a formação de um juízo de convicção seguro. Nada mais eficiente senão usar os próprios termos da lei, usar as garantias processuais, pois para isso foram criadas. É caso de incidente, onde o princípio do contraditório aflora, em toda a sua plenitude.

6.3.2. Intimação da penhora

Rememorando o conceito básico do contraditório, como sendo o ato de se dar ciência às partes e o poder de contrariar, verifica-se sua incidência nos termos do artigo 669 do CPC, que determina que após a realização da penhora desta deve ser intimado o devedor. Evidentemente, é mais uma demonstração de que o contraditório está presente no processo de execução.

Há de se acrescentar a preocupação do legislador com a obrigatoriedade de se dar ciência do ato inicial da expropriação que está sendo consumada e, para tanto, estabelece no § 1º que, em recaindo a penhora sobre bens imóveis, a intimação também se faça ao cônjuge do devedor.

Todavia, há quem sustente que a intimação é apenas um procedimento tendente a oportunizar a oposição de embargos. Serve, evidentemente, como ato essencial para o prazo dos embargos. Mas também é a exteriorização do princípio do contraditório dentro do procedimento executório. Sua utilidade é dupla. Baliza o início do prazo para os embargos e serve para dar ciência da formalização da penhora. Praticamente faz *"coisa julgada"* do primeiro ato preparatório - penhora - dele não cabendo mais discussão quanto à forma ou validade.

6.3.3. *Redução e ampliação da penhora*

Sempre visando a adequar a penhora ao escopo executório, nos exatos ditames previstos na lei, prevê o CPC, no artigo 685, a possibilidade tanto de redução como de ampliação da penhora.

Tal dispositivo traz consigo uma carga muito grande do sentimento de justiça democrática, pois nem deixa o credor à mercê de inconvenientes nomeações ou penhoras inaproveitáveis, como também protege o devedor de expor maior parcela de seu patrimônio do que aquela efetivamente necessária. A regra do artigo 591 é de proteção ao credor, pois o devedor, segundo tal artigo, responde, para o cumprimento da obrigação, com todo o seu patrimônio presente ou futuro. Mas, observe-se, o texto é claro: para o *cumprimento da obrigação*. Apenas isto e nada mais. De outra banda, o já mencionado artigo 620 do CPC abranda a voracidade do credor em relação ao patrimônio do devedor.

Dispõe o artigo 685 do CPC.

"Após a avaliação, poderá mandar o juiz, a requerimento da parte interessada e ouvida a parte contrária:

I - reduzir a penhora...

II - ampliar a penhora..."

O texto legal caracteriza bem a dialética processual que deve ser respeitada para a resolução do problema. É claro que a presença do contraditório decorre da própria lei, pois esta prevê a possibilidade de o juiz, a requerimento da parte, ouvindo parte contrária, ampliar ou reduzir a penhora.

Tanto o devedor como o credor podem exercitar os seus direitos para alcançar seus objetivos, cada um na sua direção. O credor sempre querendo aumentar a garantia através da ampliação, e o devedor tentando reduzir a quantidade de bens constritos. Esta dualidade de interesses caracteriza o contraditório puro. Dele decorre o contraditório processual, pois necessário ao juiz que assim seja, para bem poder decidir, com base nos dados apresentados pelos interessados, após o conhecimento pleno da matéria posta em questão.

A presente questão incidental é de instrução, no sentido de preparar, como adverte Dinamarco,[71] já que estamos em fase de preparação da execução propriamente dita. São fases antecedentes daquela que proporcionará a satisfação do credor, com a realização da transferência do patrimônio do devedor a este. Deve-se, portanto, seguir tenazmente as regras processuais ordinárias, respeitando-se a substância do ato praticado.

Sendo tipicamente de instrução, nada obstante estar inserida dentro do processo executivo, demonstra clara-

---

[71] "Nos diversos procedimentos executivos prepara-se o provimento final satisfativo mediante as providências instrumentais tendentes a tornar possível e segura a medida postulada pelo demandante. Cândido Rangel Dinamarco. *Execução Civil*, 4ª ed., Malheiros, São Paulo, 1994, p. 166.

mente que este também não está infenso a toda a processualística, tendente a alcançar o escopo a que, filosoficamente, se destina o processo, compreendido como veículo da jurisdição.

Tanto é verdade que o artigo 598 do CPC manda aplicar, subsidiariamente, todas as regras do processo de conhecimento. Partindo-se da premissa de que na lei não há dispositivos inúteis ou sem aplicação constata-se, claramente, a previsão abstrata da incidência, no processo de execução, das regras gerais, especialmente as do contraditório e do devido processo legal.

Dentro do fenômeno penhora, ainda há várias hipóteses em que o contraditório se faz necessário e imprescindível, tais como a remoção do depositário, alienação antecipada, má administração deste em relação aos bens penhorados, desvios e fraudes de toda ordem. Em todos esses casos, é de responsabilidade do juiz da execução sempre ouvir a parte contrária a respeito da questão posta a sua apreciação. Em todos, há necessidade do conhecimento das partes; com isso, abre-se a possibilidade de refutá-los o que, como vimos, é elemento nuclear do contraditório. Independente dos reflexos que possam causar os comportamentos suso-referidos, nas esferas penal, administrativa ou mesmo em ações próprias, é imperioso que se decidam ditas controvérsias dentro do processo executivo, face à necessidade da preparação do ato expropriatório, que tem seu nascedouro, justamente, na penhora.

Quanto à alienação antecipada dos bens, impõe-se ressaltar que a previsão da instauração do contraditório consta do texto legal. O artigo 670, parágrafo único, do CPC, determina tal procedimento, *in verbis*:

"Art. 670 ...

Parágrafo Único - Quando uma das partes requerer a alienação antecipada dos bens penhorado, o juiz ouvirá sempre a parte contrária antes de decidir."

A aplicação do contraditório, portanto, decorre da aplicação legal no seu sentido mais literal possível, não requerendo ao intérprete procurar qualquer tipo de justificativa para o mister. Sendo tema pacífico na doutrina, como ensina Arnaldo Marmitt.[72] Referente à capitulação dos outros incidentes envolvendo a penhora e seu depositário, a lei processual define como atentado (Artigo 879, I) remetendo, quando devidamente caracterizado, para um outro tipo de procedimento, que refoge ao nosso tema, por ora, pois é ação incidental, com rito e elementos próprios.

Resta, ainda, o tema da fraude à execução que, pelas peculiaridades apresentadas, será tema de capítulo especial, onde trataremos dos atos atentatórios à dignidade da justiça.

6.4. Avaliação

Antes de qualquer aprofundamento, devemos ter presente a natureza jurídica da avaliação, pois, a partir dela, ficará fácil a compreensão do tema proposto. Poderemos verificar, com clareza, a incidência de um contraditório forte e eficaz, norteador da conduta das partes envolvidas no sentido de avaliar o bem constrito e prepará-lo para o provimento final satisfativo do credor: cumprimento da obrigação.

A doutrina dominante sobre o tema não titubeia em classificar a avaliação como meio de prova. E efetivamente o é, pois a par de estar inserida dentro do processo de execução, artigos 680 e seguintes do CPC, sua verdadeira

---

[72] "Postulada a venda por uma das partes, será ouvida a outra no prazo de cinco dias, antes da decisão judicial. Se o requerimento tiver partido do depositário, ambos os litigantes serão auscultados previamente a respeito. Às partes e ao depositário, caberá instruir a postulação, com provas materiais necessárias à fundamentação, a fim que de o magistrado possa tomar a decisão adequada." Arnaldo Marmitt. *A penhora*, ob. cit. p. 73.

origem e natureza está no processo de conhecimento, especialmente nos artigos 420 e seguintes. Justifica-se introduzir em um tipo especial de procedimento regras de outro, já que o comando do artigo 598 do CPC determina a aplicação subsidiária das regras do rito comum ao da execução. Tal situação serve, mais uma vez, para demonstrar que o procedimento judicial, decorrente da jurisdição, deve ter um escopo único: o de pacificação. As classificações doutrinárias e acadêmicas devem ficar restritas a esses foros, não contribuindo com o excesso de formalismo, *e.g.*, no desiderato pretendido tanto pelo Estado como pelas partes.

O professor Celso Neves[73] ensina que a avaliação é ato executório com a finalidade de definir o valor dos bens penhorados. Continua, dizendo que sua necessidade decorre da máxima de garantir ao executado o menor comprometimento possível de seu patrimônio, e isto depende de uma avaliação justa. Sendo portanto meio de apurar e provar o quanto vale o bem penhorado.

No mesmo sentido, o desembargador Araken de Assis[74] leciona que o instituto da avaliação é derivado da prova técnica e se enquadra na prova pericial, conforme o artigo 420 do CPC. É mecanismo utilizado pelo magistrado que, valendo-se de técnicos, procura conhecer efetivamente o valor real do bem, carecendo para tanto de amplo debate e cognição. Conclui, alertando que, não

---

[73] "CLASSIFICAÇÃO COMO MEIO DE PROVA - A avaliação é ato do processo executório que tem por fim definir o valor dos bens penhorados para efeito, ou de sua conversão em dinheiro, mediante transferência coativa a terceiro que é o arrematante, ou de sua adjudicação, pró soluto, ao exeqüente. Basta isso para assinalar a importância, *a fortiori*, quando se sabe que o processo de execução, embora denote uma situação prevalecente do exeqüente sobre o executado, a este garante o menor detrimento possível na satisfação do crédito demandado." Celso Neves. *Comentários ao CPC*, Vol. VII, Rio de Janeiro, Forense, 1977, p. 98.

[74] "Não há dúvida de que a avaliação, embora arredada do processo de conhecimento, por isso não terá sua natureza alterada e constitui um meio de prova do valor do bem penhorado em moeda" Araken de Assis. *Manual do Processo de Execução*, Porto Alegre, LEJUR, 1987. Vol. 1, p. 487.

obstante a natureza jurídica, há peculiaridades a serem observadas, em razão dos objetivos visados dentro do processo de execução.

Pontes de Miranda,[75] do alto do seu magistério, leciona que a avaliação é a comunicação do conhecimento do valor atribuído ao bem. Entende o autor que a avaliação é o resultado obtido, em termos de valor, após todo um processo realizado pelo perito nomeado, pelos assistentes técnicos e auxiliares em geral. Materializa-se no laudo.

Conhecida, mesmo que superficialmente, a natureza jurídica da arrematação como um meio de prova, fica claro para o nosso mister - visto ser necessária para a obtenção de provas a colaboração das partes informando e contraditando as alegações uma da outra, visando à produção da verdade - que neste ato, típico de execução, está presente o contraditório, demonstrando todo o seu vigor de princípio basilar do processo em todas as suas dimensões.

Estamos diante de mais uma das fases instrutórias que visam a preparar o provimento final. A avaliação serve para atribuir ao bem penhorado o valor-base que poderá ser obtido na alienação. Todavia, para se chegar a um valor satisfativo, muitos incidentes ocorrerão e deverão ser decididos pelo juízo da execução.

Ovídio Baptista da Silva,[76] ao referir-se ao laudo produzido na avaliação, diz que as partes devem ser ouvidas, gerando a possibilidade de impugnar os valores

---

[75] "A valiação, aqui, é a comunicação de conhecimento sobre o valor que algum bem pode obter sendo alienado." Pontes de Miranda, *Comentários ao CPC*, Forense, 1976, Tomo X , p. 337.

[76] "As partes, ouvidas sobre o laudo, poderão impugná-lo por alguns dos fundamentos indicados no artigo 683. Como resultado da impugnação, poderá ter lugar a redução ou a ampliação da penhora, segundo dispõe o artigo 685. O provimento que decidir o incidente de impugnação à avaliação, é decisão interlocutória, portanto agravável, nos termos do artigo 522 do CPC." Ovídio Baptista da Silva. *Curso de Processo Civil*, Vol. II, Porto Alegre, Sérgio Fabris Editor, 2ª ed., 1993, p. 66.

obtidos, constantes no documento. Dita impugnação, continua o professor, deriva do comando do artigo 683 do CPC, podendo dar lugar à ampliação ou à redução da penhora, e arremata dizendo ser interlocutória a decisão que julga o incidente, cabendo, assim, agravo de instrumento. Ora, não há como negar que aqui, também, estão presentes todos os elementos intrínsecos do contraditório: ciência, impugnação, decisão. Há, de fato, a necessidade de o juiz conhecer, de as partes tomarem ciência e, conforme o objetivo, refutar os argumentos apresentados, tanto pelo perito, como pelo *ex adverso*. É contraditório puro, claro e evidente presente no episódio avaliação.

As posições doutrinárias supra servem como elemento de informação e, ao mesmo tempo, constatação da imperfeição do ensinamento que prega a inexistência no processo de execução de atos instrutórios, pois ausente o contraditório. Tal assertiva é resultado de um confinamento de conceitos que produz resultados ilógicos e anticientíficos - face ao fenômeno instruir, que significa aprontar o provimento final, seja ele de mérito ou de satisfação. Instruir é preparar, e preparar é conhecer. Para tanto, utilizam-se todos os meios de segurança e transparência, natos da estrutura lógica do processo.

6.5. Arrematação

Vencidas as etapas anteriores, aparadas todas as arestas e decididas todas as questões pendentes, chega-se ao momento da arrematação, penúltimo ato da execução. Nele vão se apurar os valores que serão entregues ao credor. Poderá haver a adjudicação do bem, dando-se por satisfeito o credor, ou ainda, a instituição de um usufruto, que lhe proporcionará renda suficiente para garantir o pagamento (artigo 708 do CPC).

Preocupa-se em demasia a doutrina em perquirir da natureza jurídica da arrematação. Entretanto, para nós, tal pendência refoge do assunto perseguido, tendo em vista querermos, apenas, demonstrar que também aqui, na arrematação, se faz presente o contraditório, assim como nos demais pontos preparatórios da execução. Na verdade, não há consenso entre os escritores sobre o assunto. Há quem lecione ser negócio jurídico. Outros afirmam ser ato jurídico. De fato, é uma transferência coativa, realizada pelo Estado ao público, de bens de terceiros, submetidos ao processo, em ampla atividade substitutiva. Sendo assim, todas as euremas devem ser tomadas para que o ato de natureza jurídica tão complexa possa realizar-se de modo perfeito, atingindo os objetivos propostos.

Importa-nos, realmente, identificar, nesse ato da execução, os momentos de incidência do princípio do contraditório, atribuindo-lhe a importância merecida para o desiderato.

A primeira providência da arrematação é a publicação dos editais. Assim preceitua o artigo 686 do CPC. Tal artigo disciplina o conteúdo mínimo do edital. O desatendimento da norma retro acarreta a nulidade, desde que se demonstre ao juiz, na forma dos artigos 243 e 250 do mesmo diploma, como aprecia Celso Neves[77] ao estudar o assunto.

A demonstração de prejuízo deve ser argüida pela parte prejudicada pela omissão do edital, que pode pedir a nulidade da arrematação. O processo de execução continua original, porém suspenso, até que se decida a questão posta à apreciação do juízo. Deve a parte contrária ser instada a manifestar-se, criando um evento nitidamente contraditório entre o exeqüente, o executado e o juiz - situação que proporcionará, ao final, uma decisão de mérito sobre a validade ou não do edital. Contraditório

---

[77] "Todos esses dados são relevantes e de sua emissão pode resultar nulidade de arrematação quando se demonstre o prejuízo, segundo as regras dos artigos 243-250." Celso Neves. *Comentários ao CPC*, ob. cit., p. 119.

presente, atuante e fundamental para o prosseguimento regular do feito.

Outro episódio, relacionado com o edital, a demonstrar nitidamente a existência do contraditório, está contido no § 1º do artigo 687 do CPC. Consta que, em determinadas circunstâncias, atendendo ao valor do bem, local etc., o juiz, ouvidas as partes, poderá modificar a forma de publicação dos editais. Ora, como ensina Antônio Carlos Costa e Silva,[78] a possibilidade/necessidade de manifestação das partes é indispensável, visto que a discordância de uma delas obriga o juiz a decidir a controvérsia. No mesmo diapasão, Araken de Assis[79] anota ser imprescindível a oitiva do devedor e do credor, a fim de otimizar o mais possível o êxito da hasta pública.

A respeito do contraditório, incidindo na questão dos editais, temos uma forma interessante e peculiar de ocorrência do princípio. É aquele que se estabelece com o público, visto que este é o destinatário das informações prestadas no edital. São outorgados direitos de exigir e de receber somente comunicações verdadeiras, cabendo-lhes, portanto, a possibilidade de reproche quanto aos dados constantes da publicação. No escólio de Pontes de Miranda,[80] vê-se a possibilidade de qualquer interessado poder dirigir-se ao juiz para requerer a retificação das in-

---

[78] "Finalmente, a audiência das partes é indispensável, ainda que qualquer delas discorde da providência pois cabe ao magistrado decidir, com recurso de agravo de instrumento contra sua decisão." Antônio Carlos Costa e Silva. *Tratado do Processo de Execução*, ob.cit., pp. 966 e 967.

[79] "A oitiva do credor e do devedor é imposta para coibir avisos dispendiosos e desnecessários pois, em princípio, o êxito da hasta pública é ponto comum para ambos." Araken de Assis. *Manual do Processo de Execução*, ob. cit. p. 535.

[80] "Toda a matéria dos incisos I-V do art. 686 é de comunicações de conhecimento, que podem ser verdadeiras ou falsas. Daí poder qualquer interessado dirigir-se ao juiz para que sejam ratificadas, se falsas. O público é autorizado a rebatê-las, antes do ato da alienação pública, porque tem o direito a somente receber comunicações verdadeiras. As exigências do inciso I, como as outras, são de formas, de modo que além dos outros princípios de nulidade, o artigo 244 é aplicável, porque não se cominou na lei a nulidade." Pontes de Miranda. *Comentários ao CPC*, ob. cit., p. 363.

formações. Instaura-se, nesse momento, um *sui generis* contraditório, entre os destinatários das informações, as partes e o juiz, sendo este último obrigado decidir a questão, cuja prolação será passível de recurso pelos vencidos/prejudicados.

Dispositivo realmente determinante para podermos afirmar com segurança a presença do contraditório na execução, é o contido no artigo 687, § 2º, do CPC, que preleciona, *in verbis*:

"§º O Devedor será intimado, por mandado, do dia e hora da realização da praça ou leilão."

Para a exegese mais adequada do processo, deve-se ter presente o fato de inexistirem dispositivos supérfluos ou inúteis. Assim é o contido no inciso acima. O devedor deve ser intimado para poder exercer o seu poder de controle, de contraditar, de refutar, tudo aquilo que constatar realizado em desacordo com a lei e/ou seus interesses juridicamente tutelados. Não há sinal maior da presença do contraditório do que este dispositivo. Por si só, independente de todo o conjunto normativo componente do procedimento executivo, bastaria para fulminar qualquer doutrina que afirmasse inexistir contraditório no processo de execução.

As hipóteses de ocorrência de controvérsias, na formação ou na publicação dos editais, fase primeira dos atos de arrematação, são inúmeras. Confessamos nossa incapacidade de tentar elencar todas essas situações, como afirmamos alhures. Somente o dia-a-dia forense nos trará esse subsídio. O que efetivamente nos interessa é a demonstração e caracterização do contraditório, também aqui.

Ainda a título exemplificativo e obrigação científica, pois inimagináveis são as ocorrências, no curso da lide, de oportunidades onde se aplicarão, indiscutivelmente, o contraditório no processo de execução, citamos o fenômeno ocorrente na segunda fase do ato, conforme divisão doutrinária clássica. É a chamada arrematação por preço vil.

Como se sabe, com a avaliação, o bem recebe um valor-base e vai à hasta pública. Todavia, pela estrutura legal e natureza do ato, dito bem será alienado, em segundo leilão ou praça, pelo maior lanço. Sabe-se, na prática, que não raras vezes, o público participante tenta se aproveitar da situação para obter lucros, forçando a alienação dos bens por valores muito inferiores aos de mercado.

Tem-se aí o fato de a arrematação ter se consumado pelo chamado preço vil. De tal fenômeno decorrem desdobramentos diversos, para o autor e para o réu. Normalmente o réu, proprietário do bem, impugnará a "venda", em petição fundamentada, devendo o juiz da execução oportunizar a manifestação da parte contrária. De outra banda, eventualmente, não chegando o produto do bem para saldar a dívida e permanecendo inerte o devedor, ao credor é facultado impugnar a transação - abrindo-se a oportunidade, ao réu, para manifestar-se acerca desta impugnação.

Ora, é evidente, nesse tipo de ocorrência, a revelação inequívoca do contraditório. A dialética processual se instala, sobrestando a execução, até que se decida definitivamente a validade ou não do ato.

Hoje, não há critérios legais para definição do que, efetivamente, seja preço vil, sendo esta uma das justificativas da necessidade do contraditório, pois somente através dele pode-se chegar a um consenso sobre o aviltamento do preço - principalmente pela ausência de critérios legais para o mister.

Na mesma esteira, chamamos a atenção para as inúmeras possibilidades de nulidades que poderão ocorrer com a arrematação. Todas elas podem ser alegadas, tanto pelo adquirente como pelo executado ou exeqüente. Nulidades estas de toda ordem: processuais, materiais, de capacidade etc. Sempre que tal episódio se fizer presente, ocorrerá o contraditório, em razão da necessidade imposta ao juiz de mandar, sempre, ouvir as partes interessadas na consecução dos objetivos colimados.

A prática forense diária nos mostra quantas outras vezes são constatadas, nos atos de arrematação, de adjudicação, ou até mesmo no momento do pagamento ao credor, possibilidades de gerar controvérsias. Todas elas serão decididas pelo juiz da causa depois de ouvir a parte contrária, de conhecer das razões da impugnação, oportunizado a contra-argumentação das partes. Isto é a soberania do contraditório.

6.6. Conta

Pela importância que se reveste, face à obrigatoriedade nesse tipo de procedimento e a grande possibilidade de gerar controvérsias, é que examinaremos um dos atos mais importantes no processo de execução atual: a confecção da conta final.

Como se sabe, a diversidade de títulos executivos postos à disposição do mercado é imensa: cambiais puras, outros cambiariformes ou similares, contratos etc. O alargamento das hipóteses previstas no artigo 585 do CPC é uma realidade. Trabalharemos, apenas, com os títulos extrajudiciais, em razão da alteração introduzida pelo legislador no que diz respeito à liquidação de sentença - artigo 604 do CPC - e a sua redistribuição como execução - onde praticamente foi eliminada a possibilidade de discussão em sede de execução, ficando sua apreciação para fase de embargos propriamente dita.

No movimento forense, várias vezes temos o trânsito em julgado dos embargos totalmente improcedentes, isto é, o título que aparelhou a execução é perfeitamente válido. Uma cédula rural e.g., onde consta, além da obrigação de pagar quantia líquida, vários clausulamentos quanto às taxas de juros, correção monetária, elevação em caso de mora desses encargos, juros de mora, multa, bem como honorários, tanto da execução quanto os sucumbenciais dos embargos.

O procedimento normal é requerer ao juiz que remeta os autos ao contador para elaboração da conta final. Neste momento, surgem os problemas, às vezes por dificuldade de compreensão do pactuado nas cártulas, outras por incapacidade ou má vontade do serventuário. Instado o credor a falar da conta e manifestando seu desagravo com o cálculo, deve o magistrado ouvir a parte contrária, abrindo-se, assim, uma fase de conhecimento com a possibilidade do amplo contraditório. Pode ocorrer produção de provas, inclusive pericial, e outras, a critério do juiz.

Pela importância que desperta o tema e dada a larga incidência forense, é que merece ser destacada, como um dos exponenciais da presença do contraditório na execução, a produção da conta final, especialmente quando se trata de execução de títulos extrajudiciais, repetimos, sem embargo da ocorrência, também, na execução de julgados.

6.7. Suspensão, interrupção e extinção

Interessante observar que a lei processual brasileira trata única e exclusivamente dos fenômenos da suspensão e da extinção da execução, artigos 791 e 794 do CPC. Trata, apenas, desses dois fenômenos, margeando a interrupção, tão bem conhecida dos italianos, disciplinando-a como se fosse suspensão. Remete, entretanto, às previsões do processo de conhecimento - art. 267, I a III, do CPC - o regramento da questão que, de fato, influenciam no prosseguimento do executivo.

No direito italiano, apenas para argumentar, há necessidade, por imperativo legal, da oitiva das partes para que o juiz, após essa manifestação e com a concordância delas, declare a suspensão - artigo 624 do CPC Italiano. A previsão de ouvir as partes, expressamente regulada na lei, elide um problema que pode ocorrer - e ocorre com mais freqüência que imaginamos -: a impropriedade da suspensão ou da extinção, prejudicando tanto o credor como o devedor nalguns casos.

Como diz Tarzia,[81] a relevância da interpretação e da aplicabilidade do princípio dispositivo ligado à dialética, no sentido de adequar o conjunto normativo aos predicados constitucionais, especialmente no que diz respeito à posição do credor, é fundamental, pois este, evidentemente, na maioria das vezes, é o grande prejudicado com a suspensão, a interrupção ou a extinção do feito, já que o devedor aproveita, quase sempre na íntegra, a decisão. Com o fito de evitar prejuízos e repetição de atos desnecessários, se depreende a necessidade do contraditório executivo como meio de evitar tais percalços, mesmo que a lei não determine. Há que se colocar, todavia, que o Judiciário, quase constantemente, toma tais precauções, mandando ouvir o credor sobre o prosseguimento do feito frente à possibilidade de extinção ou suspensão.

Quanto ao sujeito passivo, a prática nos demonstra existir, também, um número ilimitado de possíveis ocorrências. Das situações de fato, objetivas ou subjetivas que a lei liga, condiciona ou subordina - em virtude da preclusão ou da decadência - ao concreto exercício da defesa, é que surge a necessidade da aplicação do princípio.

Todo o tipo de mutação, no processo de execução, interessa ao nosso estudo, pois quando ocorre deve sempre abrigar a instalação do contraditório, como forma de

---

[81] "Há ainda mais. A correta observação segundo a qual 'a relevância da interrupção liga-se ao âmbito de aplicabilidade do princípio dispositivo', além de ligar-se à dialética do processo, não fica sem conseqüência na doutrina mais diligente no sentido de adequar, já num plano interpretativo, o conjunto normativo que trata da execução aos postulados constitucionais, no que diz respeito especificamente à posição do credor." Giuseppe Tarzia. "O Contraditório no Processo Executiv", *in: Revista de Processo* nº 28, p. 79.

aquilatar a verdadeira extensão da mudança. Conhecer o interesse das partes. Conhecer dos prejuízos decorrentes. Preservar a prestação jurisdicional. Enfim, o espectro é amplo. A parte, tanto autor como réu, tem direito, e o Estado/juiz tem o dever de dar ciência do ocorrido/requerido, sob pena de nulidade do ato por cerceamento de defesa. É pacífico na doutrina que o elenco de casos enumerados nos artigos 791 e 794, ambos do CPC, não é exaustivo, ficando, portanto, em aberto - dada a ocorrência de suportes fáticos capazes de gerar a suspensão, bem como a extinção da execução. Todavia, sempre que ocorrerem tais fatos-tipos deve-se oportunizar às partes manifestar-se sobre sua validade, existência, e eventuais prejuízos deles decorrentes.

6.8. Duplo grau de jurisdição

Todos os momentos examinados até aqui, e, com certeza todos aqueles outros que não foram citados, mas ocorrerão no dia-a-dia forense, desencadeiam decisões. Sendo assim, a sistemática do CPC determina que de qualquer decisão, seja ela definitiva ou interlocutória, caberá recurso para que o juízo *ad quem* examine a certeza e a justeza da tomada de posição do juízo monocrático. O nosso sistema processual cultua o duplo grau de jurisdição como princípio democrático de segurança. Assim é no processo de execução: aquela parte desconforme com a decisão poderá valer-se da faculdade de recorrer. É, também aqui, visível a preocupação legislativa com o exercício do contraditório.

Não adentraremos nos requisitos dos recursos por ser matéria alheia a nossa investigação. Apenas para manter a fidelidade ao tema examinaremos quais os recursos podem ser empregados naquelas decisões obtidas dentro do processo de execução.

Determina a lei que das decisões definitivas cabe apelação. Das interlocutórias, agravo de instrumento. Examinado o conteúdo decisório de cada uma delas, concluiremos qual nos satisfaz, visando sempre à efetividade e à segurança que advém da imutabilidade decorrente da coisa julgada.

A maior parte das discussões, proferidas no processo de execução, é de cunho interlocutório, v.g., questões relativas a reforço de penhora, avaliação, editais, etc. É o agravo de instrumento o recurso cabível das decisões não terminativas, como as acima represtinadas.

Todavia, não é tão simplório e unificado o sistema recursal no processo de execução. Há casos em que o conteúdo da decisão é terminativo, devendo a parte prejudicada valer-se da apelação, nos termos da lei.

Pelo próprio conteúdo, ocorre a apelação, inexoravelmente, nas decisões de extinção da execução, nos termos dos artigos 794 e 795 do CPC.

Situações múltiplas podem deflagrar uma decisão de extinção do processo de execução. Não queremos doutrinar ou polemizar a exaustividade ou não do elenco do artigo 794 do CPC. Certo é que, no dia-a-dia forense, apresentam-se inúmeros fatos não listados no dito dispositivo, passíveis, entretanto, de provocar a extinção do feito sem produzir a satisfação do credor. A aposição majoritária da jurisprudência e da doutrina[82] contempla que o rol não configura *numerus clausus* - conclusão de maioria obtida também no simpósio sobre exegese do novo CPC, em Curitiba - LXIII. Isso posto, podemos nos socorrer do artigo 267 do mesmo diploma legal para as hipóte-

---

[82] Vide José Carlos Barbosa Moreira. "Notas sobre a Extinção da Execução", in *O Processo de Execução em homenagem ao professor Alcides Mendonça Lima*, Porto Alegre, Sérgio Fabris Editor, 1995, p. 175; Humberto Theodoro Junior. *Curso de Direito Processual Civil*, 7ª ed., Vol. II, Rio de Janeiro, 1991, pp. 1091/92; Celso Neves. *Comentários ao CPC*, Rio de Janeiro, Forense, 2ª ed., 1977, p. 396.

ses de ordem processual, visto que o retrocitado artigo 794 só abrange as de ordem material.

Para o nosso estudo, basta assimilarmos a idéia que, no curso do processo de execução, não existem apenas decisões não-terminativas, mas também decisões definitivas. Decisões que exigem apelação como recurso cabível, em atenção ao princípio do duplo grau de jurisdição. Tanto num caso como no outro, gize-se, cabe ainda o recurso para os tribunais superiores. Dependendo da matéria, resta ao prejudicado, no julgamento do segundo grau, buscar nos tribunais superiores respaldo a sua tese.

No processo de execução, haverá incidência de recurso extraordinário ou especial, segundo a matéria posta em causa. Vejamos: recursos relativos ao percentual de juros incidentes na conta final, por ser matéria constitucional - artigo 192, III -, serão sempre Extraordinários e interpostos junto ao Supremo Tribunal Federal, que é a Corte Constitucional. Já as matérias infraconstitucionais, tais como capitalização mensal de juros, impenhorabilidade do bem de família etc., exigem recurso especial junto ao Superior Tribunal de Justiça, corte superior com jurisdição definida para o mister.

Registre-se, ainda, que antes dos recursos supracitados, há a possibilidade da incidência de embargos infringentes, conforme ocorrera, ou não, unanimidade na decisão da apelação.

Nos tribunais superiores, os agravos regimentais são também possíveis, assim como os embargos de declaração, em qualquer grau de jurisdição.

Essa seqüência recursal denuncia claramente as fases decisórias na execução. Sendo assim, imperativa a presença do contraditório para instruir e preparar o provimento final, sob pena de nulidade cominada constitucionalmente, ensejando, destarte, recursos que, inexoravelmente, chegarão até o Supremo Tribunal Federal.

Como corolário, devemos acrescentar que, se tratando de ofensa a princípio constitucional, como é o contraditório, nos termos do artigo 102, III, *a*, da Constituição vigente, cabe sempre o recurso extraordinário ao Supremo Tribunal Federal. O desrespeito à norma constitucional autoriza o lesado à propositura do recurso extremo, visando a proteger e a preservar o comando maior, assim como a possibilitar a ampla defesa, em atenção aos princípios cardeais.

7. Contraditório nas execuções específicas

No capítulo anterior, tratamos da incidência do contraditório nas execuções por crédito. Tentamos destacar algumas passagens legislativas que denunciam a presença do princípio no processo de execução por quantia certa. Dedicamo-nos, agora, ao estudo da incidência do contraditório nas execuções derivadas de obrigações específicas, isto é: obrigações pessoais cujo objeto é determinado e específico. Tal distinção é importante porque a doutrina brasileira tende a aproveitar as disposições dos artigos 621 e seguintes do CPC para todos os tipos de execução, seja obrigacional ou real, como denuncia Ovídio Baptista da Silva[83]. Importa-nos a aplicação da regra executiva nas execuções obrigacionais, pois as de direito real têm formas específicas, embutindo sempre o processo de conhecimento. São as chamadas "execuções *lato sensu*", das quais, como dissemos alhures, não trataremos no presente trabalho.

---

[83] "Não é possível, todavia, prosseguir sem adicionar, ao que acaba de ser dito, algumas outras observações esclarecedoras. A distinção que estamos a fazer entre execuções fundadas em direito obrigacional e execuções reais, é uma tentativa de resgatar a identidade das pretensões e ações reais, que o direito moderno sepultou, a partir das concepções pandetistas do século XIX - que, por sua vez, consolidou uma tendência histórica nascida no direito intermédio - segundo a qual todo o direito dá origem a uma relação obrigacional. Tal distinção é ignorada pela doutrina, que considera as disposições do artigo 621 e seguintes do CPC como abrangentes tanto das execuções fundadas em direito obrigacional, quanto das execuções que tenham por base a pretensão real." Ovídio Baptista da Silva. *Curso de Processo Civil*, Vol. II, 2ª ed., Sérgio Fabris Editor, Porto Alegre 1993, p. 84.

Há uma tendência em confundir o que seja execução real e pessoal, pois doutrinadores da estirpe de José Carlos Barbosa Moreira[84] lecionam que a obrigação de entregar coisa certa pode ser derivada de direito real ou pessoal. Não concordamos com tal afirmativa, pois a pretensão real, inexoravelmente, é fundada em direito real e não em direito obrigacional.

O elemento provocador da pretensão, como afirma Crisanto Mandrioli,[85] é a violação do direito. Depende do vínculo do sujeito ativo com o objeto a ser perseguido. Se o objeto for pessoal, obrigacional a disciplina para sua execução, está contemplada nos artigos 621 e seguintes. Por outro lado, se o vínculo do sujeito, titular do direito violado, for de cunho eminentemente real, não se aplicam tais comandos, v.g., ações de despejo, possessórias etc. O importante é caracterizar o tipo de direito e a forma de violação deste. O objeto a ser perseguido tanto pode ser móvel como imóvel, pouco importa, o fundamental é o vínculo que une o objeto perseguido ao titular do direito. Daí decorre, por certo, a confusão doutrinária existente.

Vencidos os prolegômenos, que julgamos fundamentais para delimitação e compreensão de nosso tema, passamos a examinar, nessa classe de execução, a incidência do contraditório. Para sua verificação, seguiremos

---

[84] "Ao regime fixado nos artigos 621 a 628 sujeita-se, em princípio, qualquer execução que vise a entrega de coisa certa, seja esta devida por direito real ao por direito pessoal. A circunstância da coisa ser móvel ou imóvel, só influi na maneira pela qual que consuma a execução, quando recalcitrante o devedor." José Carlos Barbosa Moreira. *Novo Processo Civil Brasileiro*, Vol. II, 2ª ed., Rio de Janeiro, Forense, 1980, p. 24.

[85] "La violazione di un diritto - intesa questa espressione in un senso tanto ampio da conprendere non solo la violazione di un divieto, ma anche la inosservanza di un comando, determina il sorgere di una esigenza di restaurazione. L'ordinamento giuridico, allo scopo di perseguire codesta restaurazione, appresta una serie di istituti, di diritto sostanziale, di diritto processuale, l'uno all'tro concatenati, che, pur sempre attendendo la restaurazione spontanea, sono tutti in funzione di quell'istituto la cui caracttteristica sta nell'assicurare la restaurazione prescindendo dalla volontà del soggetto passivo del raporto; l'esecuzione forzata." Crisanto Mandrioli. *L'esecuzione Forzata in Forma Specifica*, Milano Giuffrè, 1953, pp. 1 a 5.

a mesma ordem proposta pelo CPC, como elemento facilitador do estudo e acompanhamento.

7.1. Entrega de coisa certa

É uma das execuções mais simples, tanto é que o Código dispensou apenas nove artigos para o seu regulamento. Trata-se de execução de forma específica, diversa daquela que examinamos anteriormente. Na execução genérica por crédito, o credor se satisfaz com o equivalente em dinheiro, nesta não. O bem buscado é a coisa e só com esta se satisfará o credor. Não vedado, todavia, quando da impossibilidade de reavê-la, satisfazer-se com as perdas e danos daí resultantes. Neste caso, segue o rito de execução genérica - após apurado o *quantum debeatur*, o procedimento é de execução por quantia certa.

No que diz respeito à incidência do contraditório, nenhuma novidade se apresenta. A citação é imperativa para o desenvolvimento regular do feito, tal qual em qualquer outro processo, seja de conhecimento ou de execução. As questões são as mesmas, e foram tratadas quando do exame da execução por crédito. Para não sermos tautológicos, remetemos à observação daquele capítulo que se aplica na íntegra ao presente.

Outros incidentes podem ocorrer, todavia, também nesse tipo de procedimento, mas o texto legislativo não anuncia nenhuma particularidade expressiva. Todos os incidentes que poderão dar azo ao conhecimento de questões se relacionam com o cumprimento da obrigação no plano fático, tais como aqueles envolvendo o bem reclamado, modo de entrega etc.

De peculiar, ao revés da execução genérica, diz a lei que o processo se encerra por sentença que julgue cumprida a execução. Naquela, encerra-se pela satisfação do credor com o recebimento de seu crédito, pela transação, renúncia ao crédito, ou qualquer outro meio de remição, reclamando mera declaração judicial do ocorrido, apenas para produção de efeitos. Aqui, contraria-se todo o primado do procedimento executivo que afirma, reiteradamente, inexistir decisão terminativa. O artigo 624 do CPC determina a exigência de sentença para extinguir ou não a execução. É, sem dúvida, um elemento caracterizador deste tipo de execução onde o contraditório aflora soberano. A sentença, decisão de mérito, acarreta coisa julgada material com todos os seus reflexos. Só é concebida, com validade e legitimidade, se obtida dentro de um processo livre, democrático e, principalmente, contraditório. O duplo grau de jurisdição é imprescindível, também, para a segurança da prestação jurisdicional, e nele se observa, intensamente, sob pena de nulidade, o contraditório puro, sem atenuações e limitações.

Não temos receio em afirmar que, tal como no tema da execução geral, abordado no capítulo anterior, a execução de entrega de coisa certa guarda o mesmo móvel ideológico no que diz respeito às garantias constitucionais atinentes a emprestar legitimidade à jurisdição.

Com a entrada em vigor da Lei 8953 de dez/94, que permitiu a utilização de títulos executivos extrajudiciais para aparelhar a execução, importante questão se apresenta. No caso de a *res* não ser encontrada, por desaparecimento, perecimento ou outro motivo qualquer, deve, nos termos da lei, converter-se em perdas e danos, continuando a execução, nos mesmos autos, por quantia certa. Todavia, para se obter o *quantum* a ser executado como indenização, devemos realizar uma verdadeira cognição, com produção dos mais variados tipos de provas dentro do processo de execução - pois não temos a possibilidade da liquidação de sentença - como procedimento cognitivo autônomo, tal como na execução de título judicial.

A solução prevista no artigo 627, § 2º, do CPC, é inaplicável nessa situação, pois específica para liquidação de título executivo judicial. A lacuna ficou aberta, não se deu conta o legislador de tal ocorrência, deixando de discipliná-la.

Conseqüência peculiar é o recurso reclamado por um incidente desse tipo na execução. Por ser uma decisão não-terminativa, atrai o agravo de instrumento, diversamente da liquidação de sentença que põe fim ao feito, resultando apelação. É, dessarte, uma manifestação clara do contraditório executivo.

7.2. Entrega de coisa incerta

Como alegamos, no título retro, que valiam para a execução da coisa certa todas as observações feitas para as execuções em geral, no presente caso, até por imperativo legal (art. 631 do CPC), temos de repetir a afirmação, aduzindo que, não apenas as normas previstas para execução de coisa certa valem, mas, no caso da substituição por indenização, transforma-se em execução por quantia certa, incidindo, também, as regras desta.

Há, no entanto, um elemento novo e fundamental para o nosso trabalho, face à disciplina legislativa acerca da necessidade do contraditório executivo - sob pena de macular a execução. É a rega do artigo 630 do CPC, onde está disposto que qualquer parte poderá impugnar a escolha da outra, em 48 horas, sendo obrigatório ao juiz decidir de plano, se necessário, ouvindo peritos e testemunhas, fazendo inspeções e audiências, enfim: realizando uma verdadeira cognição dentro do processo de execução.

O saudoso Alcides Mendonça Lima,[86] ao comentar a regra do artigo 630, diz estabelecer-se um singelo contra-

---

[86] "Trata-se de estabelecer singelo contraditório entre as partes em torno da escolha, prevenindo arbítrio, de modo a poder lesar uma ou outra. Tudo está contido dentro do princípio de que a obrigação deve ser solvida de maneira a não criar nenhum ônus injustificado para o devedor e nenhuma vantagem a mais ao credor. No fim, em uma imagem contábil, o balanço deverá encerrar-se sem saldo devedor ou credor, mas equilibrado - zero a zero para qualquer dos interessados." Alcides Mendonça Lima. *Comentários ao CPC*, Vol. VI, tomo II, pp. 804 e 805.

ditório entre as partes. Ainda, continua com o seu magistério, tudo está contido no princípio do artigo 620 do mesmo diploma, cuja finalidade é evitar o ônus injustificado para o devedor.

Não podemos concordar com o eminente professor no aspecto singelo, pois pode sê-lo na extensão, mas, na importância para o prosseguimento do feito, é fundamental. Diríamos que se torna o incidente - contraditório executivo -, na execução de entrega de coisa incerta, prejudicial à ação principal. Uma vez não resolvida a questão do bem a ser perseguido, refoge de conteúdo a própria ação, perde o objeto e sentido. Há, antes de tudo, a necessidade de se verificar e individuar o objeto, a coisa que se pretende ver excutida.

A faculdade de impugnação cabe a qualquer das partes, dependendo de quem tenha o direito de indicar os bens. Verdade é, também, a incidência do artigo 875 do Código Civil Brasileiro, como elemento disciplinador para os casos em que o título executivo for omisso quanto à preferência da escolha.

A demonstração da presença do contraditório, como forma prejudicial ao desenvolvimento válido do processo, é inequívoca. O artigo 630 do CPC é expoente cristalino da preocupação do legislador em dotar o sistema das execuções de mecanismos que o tornasse mais efetivo, dando-lhe condições de produzir efetividade ao processo, distribuindo a jurisdição com justiça e eqüidade. Para tanto, obviamente, louvou-se nos princípios maiores do processo, sendo um deles o do contraditório.

7.3. Obrigação de fazer

Algumas polêmicas devem ser enfocadas. Iniciamos pela modalidade de títulos aptos a aparelhar a execução. A lei processual só admitia, até bem pouco, para as execuções da espécie, título judicial. Previa que o devedor seria citado para cumprir a condenação - artigos 632 e 638. Pelas características, mantidas até hoje, de inexigibilidade de penhora para garantia do juízo e outras peculiaridades, pode-se claramente questionar a colocação da execução das obrigações de fazer ou não fazer, dentro do capítulo reservado à execução forçada. Sobre o tema, Ovídio Baptista da Silva[87] entende ser difícil a distinção da estrutura procedimental destas como estão propostas, inclusive sem antecipação executória liminar como a das chamadas "execuções *lato sensu*".

Atualmente, com o advento da Lei 8.953, de dezembro de 1994, não mais fica o procedimento executivo apenas vinculado aos títulos judiciais, pois, inspirado no sistema lusitano, a lei alterou o artigo 632 para permitir que também os títulos extrajudicias possibilitem a execução, não alterando, entretanto, a antecipação da atividade executória, marca registrada do processo de execução. Resta, destarte, a anomalia executiva da inexistência da antecipação liminar dos atos de realização.

Cremos também que o desaceleramento da utilização deste mecanismo processual é fato inconteste. Como se sabe, as dificuldades para obrigar os indivíduos a realizar ou não alguma coisa sempre foram muito questionadas porque invadem a esfera dos direitos individuais, aliadas às dificuldades impostas pela lei para o exercício desses direitos desestimulam, ainda mais, seu emprego.

---

[87] "Admitindo-se, como nos parece correto admitir, que a função primordial dos embargos do executado seja a de elidir o ato executório, através de uma sentença, mesmo liminar, que desfaça a constrição executiva, será difícil explicar não só a própria existência dos embargos nesta classe de execução, de modo que eles fossem adequadamente diferençados da contestação simples; bem como seria provavelmente ainda mais difícil distinguir o procedimento das execuções para cumprimento das obrigações de fazer e não fazer da estrutura procedimental das ações executivas *lato sensu*, em que a atividade executória não seja antecipada através de uma liminar. Ovídio Baptista da Silva. *Curso de Processo Civil*, Vol. II, 2ª ed., Porto Alegre, Sérgio Fabris Editor, 1993, p. 92.

Ainda, a Lei 8.952, também de dezembro/94, incluiu no processo de conhecimento o art. 461 que, em nosso entender, veio para elidir a aplicação do procedimento executório das obrigações de fazer e não fazer. Tal dispositivo abarca todo o procedimento cognitivo, peculiar do procedimento ordinário, aliado ao executivo tendente a realizar os resultados práticos equivalentes ao adimplemento. É a generalização das execuções *lato sensu*. A lei criou um dispositivo onde se enquadram todas as obrigações de fazer, inclusive com a possibilidade de antecipação da tutela, o que é estranho no regramento da execução das obrigações de fazer e não fazer, dos arts. 632 e seguintes.

Tanto num caso como no outro a cognição é ampla. O contraditório está presente como nunca. No procedimento executivo, com suas peculiares limitações estruturais, há a cognição "necessária". Já no previsto no art. 461 há, dependendo do caso posto em juízo, uma simples cognição sumária, ou uma cognição exauriente. A possibilidade da antecipação da tutela é um elemento diferenciador entre os dois tipos de procedimentos determinando a supremacia da disciplina estabelecida no art. 461 com relação às dos arts. 632 e seguintes. Pensamos, nada obstante a convivência conjunta e independente dos dois mecanismos postos à disposição das partes, o da execução, como tal, integrante do livro II, está com os dias contados, pelo desuso que inexoravelmente vai ocorrer, face à sistemática prevista no art. 461 do CPC. É a grande mudança, juntamente com o art. 273 do mesmo diploma, são os expoentes máximos da reforma do CPC.

Dito isso, voltamos ao nosso caminho, fazendo-se necessária outra consideração. Em relação à fungibilidade das obrigações a serem executadas, há obrigatoriedade de classificação, pois, a partir desta, identificamos os desdobramentos que pode verter para um ou para outro procedimento executivo.

Se infungível e não cumprida, mesmo depois da instauração do processo, resolve-se por perdas e danos. Ocorrendo aqui a mesma situação que tivemos a oportunidade de abordar nas obrigações de entrega de coisa certa, com a possibilidade da utilização de títulos executivos extrajudiciais (585, II), autorizados pela Lei 8.953, de 12/94. Quando necessária a conversão em perdas e danos, abrir-se-á um verdadeiro procedimento de liquidação incidental vinculado à execução, cuja decisão final determinará o *quantum* do valor da indenização, decorrente da inexecução voluntária.

Tais observações para o nosso mister são consideráveis. No caso da infungibilidade, verificamos a grande dose de cognição existente no procedimento. Por outro lado, sendo fungível e não adimplida a obrigação, deslocará o modo de realização da satisfação do credor para realização por terceiros ou, a final, se ainda for impossível ou não interessar ao credor, faculta-se-lhe a conversão em perdas e danos, transformando-se em execução por quantia certa.

Observadas tais peculiaridades, passamos a identificar a presença do contraditório executivo dentro das obrigações de fazer.

Pela simples leitura da lei, exsurge cristalina a necessidade de citação, já examinada como a grande exponencial do contraditório. Da mesma sorte, também há desnecessidade da penhora ou, como diz a doutrina, a antecipação executória com toda a racionalidade, face às peculiaridades deste tipo de obrigação.

O contraditório, nessa classe de ações, se faz presente com maior intensidade e freqüência que nas outras, pelas características intrínsecas do procedimento. Giuseppe Borrè,[88] em longa obra sobre o tema, analisa detidamente

---

[88] "Ocorre peraltro rilevare che le accennate soluzioni dell'appello o di un'autonoma di azione di accertamento si ispirano all'esigenza di um controllo operante al livello del merito, mentre potrebbe ritenirsi che l'impostazione sopra suggerita - consistente nell'esprimere la funzione

todos estes aspectos sob o prisma do direito italiano, ensinando que a própria disciplina ordinatória dos atos carece de um contraditório executivo, a realizar-se incidentalmente ao processo de execução.

As manifestações legislativas presentes nesse capítulo são inúmeras e denunciam a necessidade de estabelecer-se a dialética para solução das questões.

O artigo 634 determina: " Se o fato puder ser prestado por terceiros, é lícito ao juiz a requerimento do credor, decidir que aquele o realize à custa do devedor.

§ 1º O juiz nomeará um perito para avaliar o custa da prestação do fato ......"

Claro está que o comando constante na norma instaura um contraditório, cuja inobservância resultará na nulidade procedimental. Os atos não são realizados de ofício, mas sempre a requerimento da parte interessada, podendo a contrária impugnar tais pedidos. A necessidade de nomeação de perito para apurar o custo demonstra haver cognição original. Nela participam as partes e o juiz, conhecendo e informando aspectos necessários para o cumprimento da obrigação, visando sempre a resguardar seus objetivos, que são: para um, o de receber; para outro, o de cumprir da maneira menos gravosa possível.

A seguir, o artigo 635 percorre a mesma linha de comportamento:

---

complementare, insita nella especificazione delle modatlità satisfattive, attraverso lo schema tecnico dell'autodisciplina ordinatoria della própria attività da parte dell'ufficio - constringa entro i confini del rito la reazione delle parti. In altri termini poichè la accenatta funzione complementare è andatta entro l'alveo del contraddittório executivo e realizzata incidenter attraverso um atto del prcesso esecutivo, potrebbe ritenirsi che la reazione contro il provvedimento di cui all'art. 612 sia suscettibile di espremersi soltanto come tutela dell'interresse legittimo alla regolarità dell'attività esecutiva, ovverosia, in ultima analisi soltanto come oposizioni di rito." Giuseppe Borrè. *Esecuzione Forzata Degli Oblighi di Fare e di non Fare*, Casa Editrice Dott. Eugenio Jovene, 1966, p. 219.

"Prestado o fato o juiz ouvirá as partes no prazo de dez dias: não havendo impugnação, dará por cumprida a obrigação, e em caso contrário, decidirá a impugnação." Os termos da lei dispensam quaisquer comentários sobre a presença do contraditório nessa classe de execução. São claros e expressos, negá-los não seria a melhor doutrina.

7.4. Obrigação de não fazer

Assim como previsto no CPC, em apenas dois artigos, para o nosso desiderato, importa, apenas, afirmar a presença do contraditório aqui também, sem alongarmos os comentários. Independente dos chamados embargos que, a nosso ver, corroborados pela melhor doutrina (Ovídio Baptista da Silva e outros, citados alhures), não passam de uma simples contestação; são inúmeras as situações de oposição do réu ao comando judicial. São manifestações incidentais que deverão ser conhecidas e instruídas em atenção ao princípio do contraditório.

Na espécie, vale tudo o que já foi dito relativamente à transformação da execução específica em execução geral - por quantia certa - , autorizada pelo parágrafo único do artigo 643 do CPC.

7.5. Emissão de declaração de vontade

Como estabelecido no livro II do CPC, devemos também abordar este tipo de situação, prevista nos artigos 639 a 641, pois integrante da execução de obrigações de fazer.

Examinando esses dispositivos legais, constatamos que possuem conteúdo executivo mas ininquadrável no processo de execução do livro II. Fica difícil sua inclusão como ação de execução, considerada como aquela que reclama título executivo, nos termos da lei.

José Carlos Barbosa Moreira[89], ao examinar o tema, entende não haver processo de execução, mas sim um processo de conhecimento, cuja decisão final é executiva. Ovídio Baptista da Silva[90] leciona que o primeiro problema encontrado pelo estudioso do tema é a inclusão dos três dispositivos no interior do processo de execução, face inexistir semelhança com os procedimentos executivos ali previstos. Pontes de Miranda,[91] na mesma esteira de entendimento, reconhece não existir processo de execução, e sim um processo de conhecimento que recebe uma dose maior de executividade.

A simples leitura dos dispositivos, *ab initio*, já demonstra alguma divergência com o espírito do processo de execução. Este tem como objetivo a satisfação do credor com o cumprimento da obrigação ou seu equivalente em dinheiro. Não há sentença, há atos expropriatórios. Paradoxalmente, o artigo 639 diz que o credor poderá ob-

---

[89] "O teor do artigo. 639 - e o mesmo vale para o 640 - mostra que o Código não está cuidando aí de processo de execução , mas de processo de conhecimento. Ao comentar o artigo 641 diz: 'Desde logo se percebe que, neste caso, inexiste em verdade processo de execução. Os efeitos passam-se todos no plano jurídico, não havendo que cogitar de modificações materiais. Desde o trânsito em julgado da sentença, forma-se a nova situação jurídica entre o credor e devedor, excluída a necessidade, e até a admissibilidade, de qualquer atos propriamente executivos.'" José Carlos Barbosa Moreira. *O Novo Processo Civil Brasileiro*, Vol. II, p. 43.

[90] "Existem inúmeros problemas de ordem doutrinária e sistemática que se ocultam na disciplina das execuções de fazer que importem prestar declarações de vontade. Veremos algumas a seguir. O primeiro deles diz respeito a própria inclusão dos três dispositivos citados no interior do Processo de Execução. Ainda que se tenha como executivas as respectivas sentenças de procedência, é certo que o processo por onde se atinge a formação compulsória do contrato definitivo não tem a menor semelhança com os demais procedimento executivos previstos pelo Livro II do Código." Ovídio Baptista da Silva. *Curso de Direito Processual Civil*, Vol. II, p. 98.

[91] "Havemos de entender algo de grande relevo, no plano científico e prático: o autor da ação dos arts. 639 e 641 procede como se propusesse ação condenatória e em verdade a transformação dela em ação executiva somente se passa ao ser proferida a sentença favorável. O que se passou, como se estivesse em ação de processo de conhecimento, e assim ocorreu, recebe um pouco mais de executividade, o que o faz preponderante a executividade da ocão." Pontes de Miranda. *Comentários ao CPC*, Tomo X, pp. 118 e 119.

108

ter uma sentença que produza o mesmo efeito do contrato. O artigo 641 repete a necessidade da sentença ao afirmar: "Condenado o devedor a emitir declaração de vontade, a sentença, uma vez transitada em julgado, produzirá todos os efeitos da declaração não emitida."

Não haverá também condenação em processo prévio. Haverá um processo de conhecimento cuja decisão final será de condenação, que não reclama uma execução autônoma subseqüente. Neste procedimento, condena-se e executa-se na mesma relação processual, à semelhança das executivas *lato sensu*.

Tal entendimento encontra algumas objeções, como se pode constatar em Araken de Assis,[92] que leciona que os dispositivos regulam uma execução de sentença, sendo, dessarte, um procedimento autônomo e bem colocado dentro do livro II do CPC. Inside, ao nosso sentir, em apego demasiado à forma, o desembargador gaúcho em não sublinhar as peculiaridades ocultas nos dispositivos em questão, pois s.m.j, não é possível sua utilização como execução de título judicial sem conflitar ou caracterizar o *bis in idem* do artigo 632 do mesmo diploma. Só se justifica tal posição, se entendido diversamente de uma simples execução de fazer, cuja disciplina está regulamentada em outros comandos.

Para o nosso interesse, ou seja, o de vislumbrar o contraditório no processo de execução, tais procedimentos são inadequados, pois, como antes comentado, não são, de fato, procedimentos de execução, mas processo de conhecimento onde também se executa. Assim sendo, reiterando o que dissemos quando tratávamos dos objetivos a serem perseguidos, não faz parte de nossa investigação as chamadas execuções *lato sensu*, à analogia da presente.

---

[92] "Para compreender os artigos 639, 640 e 641, inclusive quanto a sua colocação no CPC, é preciso lembrar que eles regulam a execução de uma sentença, quer dizer, de um título executivo. Isto implica na prática, que antes de se cogitar de sua incidência e dos seus reflexos, se examine o imprescindível processo de conhecimento no qual se originou este tipo de provimento." Araken de Assis. *Manual do Processo de Execução*, 1987, Vol. I, p. 309.

8. Contemp of court

Entre as inovações trazidas pela legislação processual de 1973 estão as que refletem exatamente a preocupação com o contraditório, expressa na disciplina aos atos atentatórios à dignidade da justiça. Alcides Mendonça Lima[93] afirma não existir disposição semelhante em legislações pátria anteriores, sendo o conteúdo derivado do anteprojeto do uruguaio Eduardo Couture, apresentado no país vizinho em 1945, mas que, até hoje, ainda não entrou em vigor, visto que tal apresenta grande avanço.

A preocupação foi dupla: uma em prevenir os atos que atentavam à dignidade da justiça e a outra, indiscutivelmente, de consagrar a incidência do princípio do contraditório no processo de execução, pois é com a utilização dele que se efetivam as normas insculpidas nos artigos 599, 600 e 601 do CPC.

Na verdade, não obstante inexistir dispositivo semelhante nas legislações processuais derivadas do direito romano-canônico, o princípio é velho conhecido do direito Anglo-Norte-Americano, como informa Cândido

---

[93] "A matéria Constitui uma inovação salientada expressamente na Exposição de Motivos quer a do anteprojeto de 1964, quer como a do projeto de 1972. Sem entrar nas minúcias dos artigos 599, 600 e 601, deste Código, o projeto de Código de Procedimento Civil do Uruguai, elaborado por Eduardo J. Couture, em 1945, em cumprimento da Lei nº 10.418, de 11 de março de 1943, continha dispositivo que condensava a matéria." Alcides Mendonça Lima. *Comentários ao CPC*, Forense, Vol. VI, tomo II pp. 608 e 613.

Rangel Dinamarco[94], noticiando que através do *contemp of court* se fazem sentir os braços longos da justiça Inglesa.

Gostaríamos, todavia, de identificar a preocupação do legislador com o contraditório. Entendemos que este sobrepõe-se aos atos de atentado à dignidade da justiça. Manifestação candente dessa preocupação veio com a reforma do CPC, de dezembro de 1994, pela Lei 8.953. Mas antes, algumas elucidações se fazem necessárias.

A primeira delas é que tais dispositivos referem-se sempre ao devedor, pois na ótica do legislador só a este é permitido produzir atos atentatórios à dignidade da justiça. Esse fato é compreensível para a época da concepção legislativa sob exame e, sendo assim, toda a disciplina volta-se contra o devedor e em favor do credor, talvez em atenção ao brocado de que a execução está para servir o credor.

A segunda observação necessária é a de que, pelo texto antigo, as sanções do artigo 601 implicavam impedir o devedor de falar nos autos, em grave atentado ao direito do contraditório e à ampla defesa, ambos presentes na Constituição Federal.

Entretanto, o legislador da reforma, atribuindo peso maior ao contraditório, sem descurar da mantença dos mecanismos capazes de impedir a prática de atos violadores dos princípios da dignidade, lealdade e ética, resolveu alterar o conteúdo do artigo 601, substituindo a

---

[94] "Grande preocupação surgiu, com a vigência do Código de Processo Civil, pela integridade do princípio do contraditório na execução forçada da nova ordem então estabelecida: empenhada em manter elevado clima ético na relação processual e sancionar condutas ultrajantes ao princípio da lealdade, o legislador de 1973, fora buscar na tradição anglo-norte-americana, o instituto do *contemp of court* e, ao dar-lhe disciplina legislativa endereçará ao devedor que atentará contra a dignidade da justiça a penalidade consistente em ficar impedido de requerer, reclamar, recorrer ou praticar no processo quaisquer atos." Cândido Rangel Dinamarco. *Execução Civil*, ob. cit. pp. 172 e 173.

vedação do contraditório - falar nos autos - por•multa de caráter pecuniário em favor do credor. *In verbis:* "Art. 601. Nos casos previstos no artigo anterior, o devedor incidirá em multa fixada pelo juiz em montante não superior a vinte por cento do valor atualizado da execução, sem prejuízo de outras sanções de natureza processual..."

Hodiernamente, prevalece, em importância, o contraditório à qualquer outro princípio. Este era um reclame da doutrina mais substancial[95] que defendia ser, inclusive, inconstitucional o texto do artigo 601, ora revogado, especialmente após o advento da Carta de 1988.

Vale acrescentar, como faz J. J. Calmon de Passos,[96] que a disciplina do artigo 599 ficou inalterada, devendo o devedor ser advertido, abrindo-se assim a possibilidade de por força da dialética, opor suas defesas.

A grande e profunda alteração provocada pelo legislador da reforma foi, sem dúvida alguma, no campo dos dispositivos de manutenção da dignidade ética e moral das partes no processo, ou seja, a substituição da vedação de falar nos autos pela pena de multa. Atitude de todo salutar, pois não era justo, moralmente justificado ou juridicamente sustentável, privar alguém do seu direito sagrado de defesa, em evidente atentado ao contraditório.

---

[95] "Uma das críticas sofridas pelo artigo 601 do CPC, era, como, lembrado acima, a sua extrema severidade ao ditar a proibição de falar nos autos em caso de *contemp of court* - com dúvidas doutrinárias quanto a legitimidade constitucional desta drástica sanção em face da garantia do contraditório" Cândido Rangel Dinamarco. *A Reforma do Código de Processo Civil,* 2ª ed., p. 64. Ver também Ada Pellegrini Grinover, *in Princípios Constitucionais e o Código de Processo Civil* e Araken de Assis, *in Processo de Execução.*

[96] "Vale também lembrar que, advertido o devedor, tem ele o direito, por força do princípio do contraditório, de oferecer o que tenha em sua defesa, com vista a convencer o magistrado de que seu comportamento não é ilícito e sobre isto deve o credor ser ouvido. Não se pode estar construindo sem cerimoniosidade, situações violadoras da garantia mais fundamental do processo, com matriz constitucional, o direito de defesa." J. J. Calmon de Passos. *Inovações no Código de Processo,* Forense, 2ª ed., 1995, p. 135.

Toda essa problemática sugerida pelos dispositivos em questão representam nada mais nada menos que o primado do princípio sob exame. A preocupação do legislador da reforma de 1994 patenteou tal visão. O contraditório é claro, há cognição com decisão prejudicial ao desenvolvimento válido da execução reclamando, como leciona Araken de Assis,[97] por ser decisão interlocutória, o agravo de instrumento, em obediência ao duplo grau de jurisdição.

Interessa-nos, ainda, o exame dos termos do artigo 600 do CPC, sempre visando a identificar hipóteses onde se faz presente o princípio no processo de execução. E, a toda evidência, os tipos descritos nos artigos antes referidos reclamam a dialética, por conseqüência, a possibilidade de defesa desponta no espírito da lei, destarte, necessário também à aplicação dos conceitos de nosso estudo.

Dentre os dispositivos, o mais importante e mais objetivo é o da fraude à execução. Instituto de muita polêmica e muita incidência na prática forense hodierna. Não abordaremos a fraude com relação a terceiros, pois a isso reserva o sistema um mecanismo especial, ou seja, por via de embargos de terceiros, ou ainda em processo próprio, especial para o mister.

A fraude pode ser declarada de ofício ou a requerimento da parte, no processo de execução, como ensina José Sebastião de Oliveira,[98] quando em larga monografia

---

[97] "O ato do juiz é uma decisão interlocutória e como tal desafia o recurso de agravo de instrumento. O artigo 601, *caput*, segunda parte, esclarece que a sanção só entra em vigor após precluir a decisão de modo que, curiosamente, se trata de um caso de agravo com efeito suspensivo obrigatório." Araken de Assis. *Manual do Processo de Execução*. Vol. I, pp. 260 e 261.

[98] "A fraude à execução pode ser argüida e declarada no processo de execução em que se evidencia que o terceiro adquirente ou beneficiário não é parte, como também ela pode ser oposta ao terceiro como meio de defesa, em embargos de terceiros, que, após ser reconhecida por sentença, fazendo coisa julgada contra o autor dos embargos, o que dispensa maiores comentários." José Sebastião de Oliveira. *Fraude à Execução*, São Paulo, Saraiva, 1986, p. 85.

aborda minudentemente todos os aspectos referentes ao tema.

Uma vez argüida, não deve ser decretada sem que o juiz conheça, aqui entendido como *congnatio*, das alegações que lhe foram apresentadas. Deve sempre ouvir a parte contrária, no caso o devedor. Somente após ouvir as razões ou refutações deste, decidirá a questão. Está presente, outra vez, o direito de defesa, e com ele o contraditório, a impedir atos de extremismo unilaterais.

As sanções decorrentes da fraude, após declarada judicialmente, são de todos conhecidas e, claramente, causam dano ou prejuízo a quem fraudou. Assim, antes de declará-la, o juiz deve sempre ouvir os interessados na nulidade do ato, que pode ser perseguido através dos remédios legais, inclusive Mandado de Segurança, com fundamento e respeito ao contraditório, quando inobservado.

O desembargador Araken de Assis[99] prega a idéia de que a ouvida do devedor e a produção de provas são cabíveis, pois uma vez estabelecida a controvérsia, deve-se clarificá-la, sendo a cognição sobre o ponto rala e curta. Este último aspecto não pode ser extendido topicamente, face ao âmbito da controvérsia em que se apresenta a questão da fraude. Entendemos que em relação ao incidente - Fraude - a cognição deve ser ampla e exauriente, tanto no sentido vertical como no horizontal, pois de nada adiantaria, nem para as partes, nem para o processo, uma cognição apenas superficial ou por verossimilhança que acabasse por não resistir às razões de fundo. Nenhuma celeridade, efetividade se justifica em nome do

---

[99] "O reconhecimento da fraude contra o processo executivo não possui procedimento específico e tampouco se atrela a muitas formalidades. A controvérsia se estabelece nos autos da execução e a cognição em torno do ponto, rala e curta, se restringe aos pressupostos legais. Antes de proferir a decisão interlocutória que ira resolver o incidente, o juiz determina a ouvida do devedor e defere as provas cabíveis. O ato decisório desafia o recurso de agravo de instrumento." Araken de Assis, *Manual do Processo de Execução*, ob. cit. p. 254.

arbítrio. Os valores maiores devem ser preservados em detrimento, como diz Calmon de Passos,[100] às estatísticas judiciais.

Para que os comandos dos três incisos do artigo 600 produzam eficácia, mesmo sendo pouco objetivos seus conteúdos, deve o juiz, inexoravelmente, agir conforme os ditames maiores do processo, com o emprego, sempre, do contraditório e do sagrado direito de defesa.

A oposição injustificada, antes de caracterizada no processo, não pode ser considerada como atentatória à dignidade da Justiça. Assim também, a resistência sem razão deve ser apurada. Conhecendo os motivos de tal comportamento, pode-se determinar a característica de atentatório à dignidade.

Por fim, relativamente à indicação do lugar dos bens, entendemos que, exceto os prejuízos decorrentes da sanção proposta pelo artigo 659, todo outro tipo de incidente sobre tal ocorrência deve resultar em ampla cognição, face aos critérios subjetivos que devem ser apresentados por parte do devedor e do credor, em respeito ao devido processo legal, direito de defesa, contraditório e duplo grau de jurisdição.

Como vimos, superficialmente, gize-se, a dialética se faz presente em todos os incidentes processuais executivos visando a apurar atos atentatórios à justiça, ou também chamados de *contemp of court*. A locução latina *audiatur et altera pars* nunca esteve tão moderna quanto nos tempos atuais, onde o arbítrio não possui alojamento perene, e o clima democrático assola o mundo, a transparência torna-se *slogan* de campanha política. Nesse clima, viceja pujante e sólido o contraditório.

---

[100] Calmon de Passos, *Inovações no Código de Processo Civil*, Forense, 1995, p. 135.

9. Exceção de pré-executividade

Todas as oportunidades anteriores onde vislumbramos a presença do contraditório dentro do processo executivo foram sempre de situações incidentais, inclusive, *apud*, afirmamos também que a oposição de mérito, como chama o direito italiano, para voltar-se contra o direito exercido na demanda executiva, só seria possível pelos embargos, estranhos ao nosso trabalho e, portanto, não abordados. Com o avançar da investigação, deparamo-nos com a situação da pré-executividade, que ataca as condições de processamento fulminando a pretensão executiva do autor.

Estamos cientes, também, da grande polêmica existente na doutrina sobre a necessidade de exame de mérito dada a inexistência das condições da ação. Num primeiro momento, pensamos ser, simplesmente, uma oposição de mérito, pois fulmina o direito à ação proposta. Todavia, em análise mais acurada, verificamos não se tratar apenas disso, pois ataca os requisitos exigidos para o exercício da ação de execução, não inquina o direito material intrinsecamente, mas apenas a sua manifestação através da proposição da ação.

Nesse instante, não gostaríamos de abrir uma aguda fenda em nossa dissertação para analisar aspectos relacionados com a existência de mérito, ou simplesmente condições de processabilidade da execução - questão de fazer ou não coisa julgada material -, pois a doutrina, até o momento, ainda não se compactou em torno de uma única idéia. Não seríamos nós, ao apreciar tema diverso, que faríamos uma análise minudente sobre o tema. Apenas gostaríamos, para não induzir o leitor em equívoco, de denunciar a existência da grande controvérsia. Remetemos os interessados para Galeno de Lacerda,[101] Fábio Luiz Gomes,[102] Ovídio Baptista da Silva,[103] Pontes de Miranda[104] e tantos outros.

Sabedores também das dificuldades a serem enfrentadas para defender uma ou outra posição, aprioristicamente somos parceiros da tese que, quando se trata de condições de processabilidade, não haverá, em princípio, ataque ao direito, isto é, ao mérito. Este fica preservado, sendo-lhe facultada, sempre, a utilização de um rito processual a fim de realizá-lo, podendo, evidentemente, propor outra ação e nunca repetir a inepta ou inquinada por falta de requisito.

Para o nosso mister, interessa, apenas, a possibilidade de refutar a execução sem garantia de juízo e, ainda, fora da incidental dos embargos. O importante é verificar a possibilidade apresentada na legislação, hoje chancelada pelo Judiciário, de quebra dos dogmas, especialmente da obrigatoriedade da antecipação liminar da execução através da penhora.

Galeno de Lacerda,[105] ao estudar as origens históricas e o direito comparado a respeito da execução de títu-

---

[101] Galeno de Lacerda. *Despacho Saneador*, 2ª ed. Sérgio Fabris Editor, Porto Alegre, 1985 p. 82.

[102] Fábio Luiz Gomes, *in Teoria Geral do Processo Civil*, Letras Jurídicas Editora, Porto Alegre, 1983. p. 103.

[103] Ovídio Baptista da Silva. *Curso de Processo Civil*, Porto Alegre, Sérgio Fabris Editor, 1987, Vol. I.

[104] Pontes de Miranda. *Comentários Ao CPC*, Rio de Janeiro, Forense, Vol. II, p. 405.

[105] "A regra do artigo 737, I, do CPC, ao condicionar os embargos do executado à segurança do juízo pela penhora, não pode ser interpretada em termos absolutos, quando se trata de execução de título extrajudicial. Tradição do direito luso-brasileiro, e direito comparado. Ora, se o 'direito' resultante do título extrajudicial é atacado nos pressupostos da própria executividade, com argumentos sérios e idôneos, despe-se de qualquer sentido lógico ou jurídico, para o conhecimento e decisão dessa matéria, a exigência de prévia segurança de um juízo - que não houve. Daí a inteira

los, em artigo publicado na revista *Ajuris*, nº 23, examina com carinho a regra do artigo 737, I, do CPC, que condiciona a aceitação dos embargos à prévia segurança do juízo. Afirma que se deve interpretar com moderação tal dispositivo, apesar de a tradição histórica nos conduzir a uma interpretação mais elástica.

Afirma o mestre gaúcho que há defesa para o executado sem exigência de penhora: são as chamadas prévias *lato sensu* que dizem respeito às condições da ação, ou do próprio título executivo. Conclui afirmado que, se o direito resultante do título executivo é atacado nos seus próprios pressupostos, com argumentos idôneos e sérios, não há necessidade da chamada segurança do juízo, figura criticada em se tratando de títulos executivos extrajudiciais, pois não há juízo a ser seguro.

O professor Luiz Edmundo Appel Bojuga,[106] em artigo publicado na Revista *Ajuris* vol. 45, enfrenta o tema com bastante propriedade. Nada obstante partir de premissas equivocadas, quando afirma ser o contraditório executivo bastante limitado, visto que a legislação apenas estabelece os embargos como forma de resistência do executado, analisa, no bojo da pré-executividade, exaustivamente, todas as nuanças.

---

procedência das distinções acima feitas, únicas capazes de dar ao artigo 737, I, do CPC, uma interpretação racional, que lhe devolva a legítima consonância com as fontes portuguesas e que o aproxime, ao menos, do bom senso espelhado, a propósito do assunto, pelas codificações modernas, inclusive a vigente em Portugal". Galeno de Lacerda, *in Execução de Título Extrajudicial*, Artigo publicado na Revista Ajuris, nº 23, pp. 7 a 15.

[106] "O Contraditório no processo de execução do livro II do CPC/73 restou bastante limitado ao estabelecer os embargos do devedor como única forma de resistência do executado.

A carência de qualquer destes pressupostos de validade da relação processual legalmente existente, causará a nulidade relativa ou absoluta do processo, conforme a intensidade do processo, conforme a intensidade do vício. Se o vício em que prevalece o interesse público - nulidade absoluta com insanabilidade dos atos. Prevalente o interesse privado tutelado pelo Estado - nulidade relativa e sanabilidade possível do ato processual que poderá ser ratificado, repetido ou até mesmo suprido." Luiz Edmundo Appel Bojuga, *in artigo publicado na Revista AJURIS*, nº 45, pp. 155 a 166.

Todo o tipo de processo exige um mínimo de pressupostos gerais de existência, assim também o de execução. Inicia-se pela petição inicial, cujos requisitos são elencados no CPC (282 a 295 e 614 a 616). Deve possuir um órgão jurisdicional previamente estabelecido para o endereçamento da demanda. O autor deve possuir capacidade postulatória e deve estar representado em juízo por quem tenha capacidade processual, além de embasar sua pretensão um título executivo líquido, certo e exigível.

Os pressupostos acima referidos devem ser obedecidos. A carência de algum deles acarreta a nulidade relativa ou absoluta do processo, conforme o que ocorrer. Extingue-se, muitas vezes, a execução antes mesmo da penhora, que se apresentaria, em tais casos, totalmente despropositada e injusta.

Sabe-se que a execução visa a recompor a situação das partes realizando coativamente a satisfação do credor. Para tanto, vimos, realiza diversos atos práticos tendentes a retirar parcela do patrimônio do devedor e repassar ao credor. Não seria justo, todavia, que devedor suportasse ameaça ao seu patrimônio quando o pretenso credor não reunisse as condições necessárias para buscar, através do direito constitucional de ação processual, a proteção estatal. A falta de pressupostos processuais, seja de ordem objetiva ou subjetiva, pode, e deve, ser atacada antes mesmo da penhora, desnecessária é a segurança do juízo. Pelas peculiaridades intrínsecas, entendemos não ser obrigatória a garantia para discutir temas que, certamente, levarão à extinção da execução indevidamente proposta, ou por quem não é parte, ou não tem legitimidade para tal, ou ainda por aquele que não possui título executivo líquido, certo e exigível. A penhora e o depósito são medidas executivas, pois com tais atos inicia-se a expropriação propriamente dita, e, por certo, não se adequariam a processos cujas condições pré-processuais, ou mesmo processuais, não fossem atendidas.

A provocação regular do Estado é fundamental para o desenvolvimento válido do processo e a busca da prestação jurisdicional adequada. É uma questão de política jurisdicional. Sabe-se, pela experiência, da inutilidade de manter-se uma demanda quando for a parte ilegítima, o pedido impossível, ou faltar interesse ao demandante. Frente a isso nega-se a prestação do serviço jurisdicional. O indeferimento de ofício ou a pedido será proclamado em sentença, mesmo no processo de execução e reclamará apelação. Já a inaceitação dos argumentos do demandado, quanto a tais condições da ação, será decisão interlocutória e requererá agravo de instrumento.

Marcelo Lima Guerra[107] dedicou algumas páginas de seu livro *Execução Forçada* para tratar do fenômeno da pré-executividade. Entende o professor, na esteira dos demais doutrinadores, face à exigência de segurança do juízo para a oposição de embargos, que o executado pode dispor da defesa prévia sempre que ocorrerem situações relativas às condições da ação ou qualidade do título. Isto é, valer-se-ia de uma defesa contra o processo, sem a necessidade de garantir o juízo e até, em certas oportunidades, antes da citação. Alega que, por se tratar de defesa que ataca a admissibilidade, tanto a doutrina como a jurisprudência estão se firmando em admitir tal possibilidade em atenção ao princípio do prejuízo e, principalmente, acrescentamos, ao do contraditório executivo.

---

[107] "Na previsão legal, a única via de que dispõe para se opor à execução são os embargos até mesmo para argüir vícios que afetam a regular admissibilidade da própria execução. A situação é tanto pior para o executado, porque, como se sabe, a sujeição aos atos executivos, através da 'segurança do juízo', é requisito de admissibilidade dos embargos do devedor. Diante desse quadro, entende-se porque se está firmando uma tendência, assim em doutrina como em jurisprudência, no sentido de romper ou pelo menos minimizar a rigidez do sistema do CPC, para admitir que o devedor, no próprio processo de execução e independentemente de embargos, portanto, possa opor-se à execução principalmente quando for o caso de vícios ou falhas relacionados com a mera admissibilidade da execução." Marcelo Lima Guerra. *Processo de Execução*, ob cit., pp. 146 e 147.

A exceção de pré-executividade nada mais é do que a defesa direta - em atenção ao sagrado direito de defesa - do executado no processo de execução que não obedece aos requisitos legais exigidos por lei, independente dos embargos e sem garantia do juízo.

Em boa hora detonou na doutrina, seguida pela jurisprudência, a idéia de poder o devedor opor seus direitos contra uma execução manifestamente injusta ou incapaz de prosperar. Já em 1975, Pontes de Miranda, em um parecer memorável para o chamado caso Manesmann, citado por quase todos os doutrinadores como o embrião da tese da exceção de pré-executividade, dizia: "Se alguém entende que pode cobrar dívida que conste de instrumento público, ou particular, assinado pelo devedor e por duas testemunhas, e o demandado público é falso, ou de que a sua assinatura, ou de alguma testemunha é falsa, tem o juiz de apreciar o caso antes de ter o devedor de pagar ou de sofrer a penhora".[108]

Da escol de Araken de Assis[109] depreende-se o sentido de que a exceção de pré-executividade é uma oposição excepcional, decretável de ofício, quando ao juiz for dado conhecer a falta de pressupostos processuais, ou a requerimento da parte. Continua afirmando que o fato desconstitutivo requer prova pré-constituída, e que a rejeição do incidente reclama agravo de instrumento como remédio idôneo para a reapreciação da matéria pelo órgão *ad quem*.

Ao nosso objetivo importa, apenas, mostrar o incidente como representante do contraditório executivo. Como se conhece, inexiste execução sem título. A célebre afirmação de Carnelutti, *sine titolo, sine excuzione*, imorta-

---

[108] Pontes de Miranda. *Dez Anos de Pareceres*, 1975, Vol IV, pp. 132, 3.

[109] "A forma excepcional de oposição do devedor ao processo de execução, fundada nos pressupostos processuais, merece o rótulo genérico de 'exceção de pré-executividade', porque fulmina no nascedouro o *praeceptum* e o ato executivo de constrição. O vício é decretável de ofício ou a requerimento da parte." Araken de Assis. *Manual do Processo de Execução*, ob. cit. pp. 346 e 347.

lizou idéia de que a execução é dependente do título. Tirante os pressupostos subjetivos, este é o mais agudo e mais incidente caso de exceção de pré-executividade. Não é lícito ao credor, nem moral, tentar constranger o devedor com uma execução aparelhada por um título que não preencha todos os requisitos de liquidez, certeza e exigibilidade, fato que refoge ao conhecimento prévio do juiz, ao contrário daquelas outras condições, tais como endereçamento, petição inicial, representação etc.

Quando ultrapassada a fase inicial de exame de viabilidade efetuada pelo magistrado, continuando afetada por vícios insanáveis, pode, e entendemos que deve, o devedor agir incontinenti, independentemente da garantia de juízo, penhora ou caução. Até porque não há juízo para garantir, pela falta de direito material motivador da demanda. Não é justo que o devedor suporte o ônus de uma constrição sobre seu patrimônio para discutir um título pago e.g., ou título que ainda não venceu. Assim, plenamente justificável o incidente antes da penhora e no processo de execução, pois este é o foro da discussão, devendo as partes argumentar e apresentar suas razões, e o magistrado, como parte integrante dessa relação processual, decidir. Há, dessarte, cognição, com princípio da ampla defesa e do contraditório, agindo a toda evidência.

Necessário salientar, ainda, a possibilidade de quase todas as condições de processabilidade serem detectadas pelo julgador no exame da petição inicial. A falta de condição da ação, muitas e muitas vezes, se detecta em exame preliminar. A condução atenta e segura do magistrado elidirá, em inúmeras oportunidades, a necessidade de interposição de exceção de pré-executividade. Também é verdade que a falta de verificação de tais condições de admissibilidade, ou por falta de condição da ação ou por ausência de requisitos formais do título, não é caso de preclusão do direito da parte de opor-se ao prosseguimento da execução indevidamente proposta. *Mutatis mutandis* é o mesmo caso de oposição quando somente à parte é dado conhecer da ilegalidade. O mecanismo de processabilidade é o mesmo, é questão de ordem pública e, por isso, a oposição se faz sem a necessidade de garantia do juízo, a qualquer momento, mesmo antes da citação.

10. Conclusões

O Contraditório é princípio de Direito Constitucional, constante na Constituição Nacional e com garantias constitucionais.

Como princípio constitucional, sobrepõe-se a qualquer outro princípio de direito processual.

O processo de execução é autônomo e segue ritos e procedimentos próprios.

O processo de execução não está isento da incidência do contraditório, como previsto na Carta Magna.

A execução é um processo com objetivos diversos dos insculpidos no processo de conhecimento, por isso o contraditório existente na execução também é diferenciado, em razão desse objetivo diferenciado.

O contraditório executivo é limitado ao objeto controvertido ocorrente no curso da execução, cinge-se ao *quad objetum*, não atinge o mérito.

A observação do contraditório é obrigatória como medida de garantia e segurança das partes no processo.

Os mecanismos onde afloram o princípio devem ser invocados pelas partes em atenção ao previsto no art. 2º do CPC, a fim de produzir efetividade jurídica aos pedidos.

Uma das tantas finalidades da utilização do princípio do contraditório é emprestar às partes, com segurança, definitividade das decisões do Judiciário.

As regras que obrigam a aplicação do princípio, no processo de execução, não se aplicam aos procedimentos ordinatórios não-jurisdicionais, tais como procedimentos administrativos de condução do processo.

Os casos apresentados, onde demonstramos a incidência do contraditório no processo de execução, não são exaustivos, correspondem apenas aos casos mais comuns que encontram suporte na lei processual.

11. Apêndice - jurisprudência

RECURSO EXTRAORDINÁRIO Nº 108073 - MG
(SEGUNDA TURMA)
RELATOR: Sr. Ministro Francisco Rezek
RECORRENTE: Caixa Econômica Federal CEF.
RECORRIDOS: Sebastião da Rocha e sua mulher.

Curador Especial. Processo de Execução. Executado que não atende à citação por edital.
É devida a nomeação de curador especial ao executado que, citado por edital, não comparece. Doutrina.
Mérito do Acórdão que deve subsistir.

RELATÓRIO
Ministro Francisco Rezek:
1.A oposição de embargos à execução constitui também meio de defęsa, em sentido amplo do executado.
2.Independentemente de oposição de embargos do devedor o executado pode também exercer defesa própria na execução, no que diz com matéria estranha ao objeto daqueles (artigo 741 CPC), a fim de pugnar para que a mesma se contenha em seus limites legais, de modo a não lhe causar dano desnecessário.
3.O executado não é citado, portanto, apenas para pagar ou nomear bens à penhora, pois o executado também faz parte do processo; o executado é, também, sujeito processual. É por isso, necessariamente intimado da penhora, para embargar a execução no prazo de dez dias.
4.A execução por quantia certa pode resolver-se em expropriação forçada; nesta, por sua vez, também é mister admitir o contraditório, ainda que atenuado.
5.Cumpre o magistrado, a propósito, exercer de ofício, seus poderes de direção do processo.
6.Precedentes.
7.Insuficiência dos votos predominantes para sumulação da jurisprudência no sentido de exigência de curador especial.
O recurso Extraordinário fala em afronta ao artigo 9º do CPC e em desacordo de aresto do Tribunal de Alçada do Paraná. A argüição de relevância foi acolhida

e o mérito da controvérsia recebeu esta apreciação da Procuradora Iduna Weinert, pelo Ministério Público:

"...embora seja discutível a aplicabilidade, ao exeqüente, na hipótese de embargos do executado, da revelia prevista no artigo 319, do CPC, mormente em se tratando de execução de sentença, não há como negar sua incidência, nos casos em que, como nos presentes autos, os executados foram citados por edital, a pedido da exeqüente, nos termos do artigo 654 do CPC, deixando de oferecer os embargos que se refere o artigo 737, do mesmo diploma legal.

Moacyr Amaral Santos, além de destacar a natureza jurídica dos embargos do devedor como verdadeira ação, em que o embargante devedor funciona como autor e o embargado-credor, como réu, assinala que:

'Do aspecto prático, os embargos do devedor aparecem como meio de defesa, pois que visam a livrá-lo do processo de execução ou a desfazer ou limitar a eficácia do título executivo. Por esta razão, parte da doutrina entende sobrelevar nos embargos o caráter de defesa comum e normal da mesma natureza de contestação. Se os embargos têm um campo processual restrito - dizia Bonumá - isso decorre da própria natureza da execução, na qual se poderá, sem tumulto e sem desordem, renovar e discutir matéria da ação em que se proferiu a sentença exeqüenda.

Pensa diversamente a doutrina contemporânea. O devedor não oferece contrariedade ao título executivo, quando este seja judicial, isto é, não contesta o direito que gerou; tampouco contesta o direito do credor ao direito à sanção que deste decorre e se contém no próprio título, condição necessária e suficiente à execução. Conquanto na execução fundada em título extrajudicial possam argüir fatos que importem contestação (CPC, art. 745), é de observar-se que o título encerra a presunção legal de sua exigibilidade e a de conter a sanção.' (Primeiras Linhas de Direito Processual Civil - Ed. Saraiva, 1983, vol. 3. pg. 400).

E analisando especificamente a hipótese de execução por título extrajudicial, ainda o mesmo autor:

'No caso da execução fundada em título extrajudicial como este não se ampara numa sentença que haja declarado a certeza do direito do credor, poderá esta ser impugnada pelo devedor. Por isso, nessa espécie de execução, ao devedor será permitido impugná-lo por fundamento que poderia alegar na execução baseada em título judicial como ainda por fundamentos que poderia aduzir, como defesa no processo de conhecimento. (Cód Proc. Civil, art. 475)'. Ob. citada, pág. 399.

No caso dos autos de execução por título executivo extrajudicial hipotecário (fl. 15), irrecusável se mostra a revelia dos executados, de forma a atrair a incidência do artigo 9º, inciso II do CPC, valendo lembrar a esse propósito, a lição de Celso Agrícola Barbi, em seus comentários ao Código de Processo Civil:

'Curador ao revel citado por edital ou com hora certa - O item II determina seja dado curador especial ao réu citado por edital, ou com hora certa, quando revel. Essa disposição visa a defender o interesse dessas pessoas. A citação por edital ou com hora certa não dá certeza de que o réu tenha, realmente, tomado conhecimento da propositura da ação. A primeira modalidade tem como pressuposto a pessoa ser desconhecida, ou incerta, ou estar em lugar ignorado, incerto ou inacessível (art. 231). Essas circunstâncias já denotam a possibilidade de que o réu efetivamente não tenha conhecimento da citação. Essa possibilidade é menor na citação com hora certa, em que o domicílio, ou residência, do réu é indicado na inicial. Mas, fazendo-se essa forma de citação pela simples suspeita de ocultação do réu, é possível que realmente ela não se tenha ocultado e tenha ignorado a citação.

O fato de não contestação à ação reforça a suposição de que não teve ciência da causa, porque os réus, em regra, se defendem.

Assim esse conjunto de circunstâncias aconselha a suprir a falta de defesa do réu com nomeação de um curador especial, como faz a lei mantendo a tradição de nosso direito.

No processo de execução, qualquer que seja a modalidade do título em que se funde, não é possível, a rigor, falar em revelia, porque o réu é citado para cumprir a obrigação e não para se defender, uma vez que a lei presume o direito comprovado no título.

Apesar disso, entendemos que se o executado foi citado com hora certa ou por editais e não se defendeu, deve o juiz dar-lhe curador, equiparando-se a falta dos embargos à revelia.

Assim pensamos porque o essencial para a interpretação do texto legal não é o conceito de revelia, mas sim a motivação e a finalidade da lei. O motivo da norma legal, como já se disse antes, é não haver certeza de que o réu tenha tomado conhecimento da propositura da ação e a finalidade é dar-lhe, nesse caso, alguma defesa, porque sua omissão reforça a suposição de que ele não ficou ciente da propositura da ação.'" (Forense, Rio, 1981, Vol. I págs. 124 e 125).

Não há como vislumbrar pois, a negativa de vigência do artigo 9º, II, do CPC, que fundamenta o recurso pela letra a, do permissivo constitucional.

Quanto ao dissídio jurisprudencial, vê-se que o único julgado trazido a confronto (fls. 68/69) foi indicado de forma deficiente, ante as exigências impostas pelo artigo 322 do Regimento Interno deste Pretório Excelso, no que tange às circunstâncias fáticas dos casos cotejados, sendo certo que a execução se funda em contrato celebrado de acordo com as normas do Sistema Financeiro da Habitação, no caso dos autos (fls. 93/96).

É o Relatório.

VOTO
O Sr. Ministro Francisco Rezek (relator). A necessidade de se nomear curador especial para o réu que desatende à citação edital, é tema polêmico neste gênero de feito. Contra a exigência é freqüente a invocação do magistério de Calmon de Passos, no sentido de que em tais casos, não é citado para ser ouvido, mas para cumprir sua obrigação (cf. ob. cit. fl. 18). Daí concluírem muitos que ao réu no processo de execução, não cabe qualquer defesa, não havendo possibilidade de revelia - motivo suficiente para tornar inútil a nomeação do curador, cujo pressuposto seria aquele risco definido.

Esse argumento se forra ainda na autonomia que tem os embargos do devedor relativamente à execução. Desse traço incontroverso ter-se-ia que os embargos não representam defesa interna do processo de execução, quedando, portanto à margem de atuar do Ministério Público, a quem não se defere incumbência de propor ações em nome de ausente. É inegável que a estrutura técnica desses argumentos impressiona. De tal sorte, porém, não torna a matéria insuscetível de discussão, tanto que um dos defensores da tese reconhece nela um ponto de vista, sujeito à censura dos doutos (Athos Gusmão Carneiro. *Questões polêmicas do Novo Código de Processo Civil*; RT 496/15).

Cumpre ter presente que a nomeação do curador especial visa suprir a defesa do réu, ante a possibilidade de que lhe tenha escapado a efetiva ciência da demanda, noticiado em edital. Por isso, afirma Cândido Dinamarco, ser necessário defender o ausente, assegurando que a exigência de defesa do revel pelo curador tem fundamento no princípio do contraditório, pois não se sabe se ele não quis contestar ou não pôde, ou mesmo não soube da citação (*Fundamentos do Processo Civil Moderno*; São Paulo, RT 1986, pg.330).

O curador assim, tem a seu cargo a tarefa de defender o réu. Não menos seguro, contudo, é que por vezes a defesa se desenvolve como contra-ataque. A natureza dos embargos do devedor ilustra esta dimensão do conceito de defesa. A tese, aliás é sustentada vantajosamente por José Gomes da Cruz, apoiado em Pontes de Miranda, Lopes da Costa, Araujo Cintra, Ada Grinover e Cândido Dinamarco (à Curadoria à Lide no processo de Execução; RT 528/279). Percebe-se aí o conceito de defesa ligado ao direito que tem o réu de ver consideradas suas razões no julgamento, sendo os embargos um meio para tanto.

Esse procedimento dos embargos como procedimento de defesa foi acolhido no TRF, e tem a sufragá-lo, nesta casa, o RE 94.494, onde se decidiu serem os honorários a cargo do sucumbente devidos na execução fiscal e não nos embargos - o que maior realce à intimação do processo incidental com a execução. Lê-se no voto, do relator, Ministro Cunha Peixoto, que não há dúvidas de que na sistemática do atual Código de Processo Civil, os embargos constituem um ação incidental, mas não é menos certo também que funciona como defesa. Assim não seria curial que o vencido pagasse honorários não só na ação principal - execução fiscal - como na incidental - embargos - que funciona como defesa (RTJ 1033/330).

Uma vez que se espera do curador réu o exercício da defesa do réu ausente, justificado está para oferecer embargos - o que demonstra a utilidade da intervenção do Ministério Público. Com efeito, não é irrazoável enxergar em semelhante hipótese um caso de substituição processual, que nos termos do artigo 6° do Código adjetivo legitima o substituto a pleitear direito do substituído. Isto é dito expressamente por Moacyr Amaral Santos, que entre os casos de substituição processual faz figurar o Ministério Público quando em nome próprio, isto é, como parte, age na defesa de interesse de ausentes (*Primeiras Linhas de Direito Processual Civil*, São Paulo, Saraiva 1977, 1° Vol., pág. 296)

Releva destacar, por outro lado, que a idéia absoluta do contraditório no processo de execução merece crítica. Parece-me que de fato, há certa limitação do princípio, ditada pela maior probabilidade de adequação do direito que os títulos executivos ostentam. Entretanto, cuida-se aqui de probabilidade e não de certeza, tanto que o legislador criou inúmeras hipóteses de ataque à exigibilidade e até mesmo à substância dos títulos. Por isso, pondera Cândido Dinamarco que invariavelmente existe toda esta trama de certezas, incertezas, probabilidade e riscos no direito processual. Para aumentar, então, a austeridade da Justiça e possibilitar decisões mais perfeitas (...) é que está aí o princípio do contraditório como um dos instrumentos de se vale o legislador para evitar os riscos de sanções que não estejam de acordo com o direito material (ob. cit. pág 100). Certo ainda que, como ensinam os expoentes mais autorizados do Direito Processual, o contraditório traduz a ciência dos atos do processo pelas partes e a possibilidade de reação a eles, é quando menos insegura a idéia de que o princípio não opera no processo de execução.

Gomes da Cruz, a propósito, depois de enumerar autores com igual ponto de vista, acrescenta que seria erro crer que o contraditório seja próprio apenas do processo de cognição. Para corrigir tal erro, Carnelutti propõe que se observe que o contraditório não diz respeito apenas ao interesse das partes; isto fornece o impulso ao contraditório, mas não constitui o seu fim. Na verdade, o juiz tem necessidade do contraditório, mais ainda do que as partes. Vimos, estudando o processo de cognição, como nisto consiste a garantia mais eficaz da imparcialidade do juiz. Não há razão alguma para sustentar que a imparcialidade do juiz valha menos para execução do que para cognição (*Diritto e Processo*, Morano Editores Nápoles, 1958, pg. 296 em sua obra *Lezionei Di Diritto Porcessuale Civile*, CEDAM, Pádua, 1932. VI. V, Carnelutti já dizia que o bom-senso orienta o entendimento de que a execução também se submete ao princípio do contraditório - cf. págs. 64-66 - ob. cit. pg. 283.)

Reforça a convicção o artigo 601 do CPC, que estabelece pena de exclusão do contraditório ao devedor cujo comportamento atente contra a dignidade da Justiça. Há, por conseguinte, um contraditório no processo de execução ainda que desprovido de latitude igual àquela com que o princípio é contemplado no processo cognitivo. Havendo contraditório, cumpre que o ausente se veja amparado pelo curador especial.

Assim, porque judiciosa a decisão impugnada, e à vista de sua sintonia com tantos precedentes dos tribunais da Federação, conheço do recurso - em face da divergência do aresto da corte paranaense - mas nego-lhe provimento.

Decisão. Conheceram do recurso, mas lhe negaram provimento. Unânime, Presidente, Ministro Djaci Falcão. Presentes à Sessão os Senhores Ministros Aldir Passarinho, Francisco Rezek, Carlos Madeira e Célio Borja, Subprocurador Geral da República, o Dr. Mauro Leite Soraes.

Brasília, 24 de fevereiro de 1987.

(*in-* R.T. J. - 120 p. 1277 a 1281)

EMBARGOS DE DECLARAÇÃO
(188104343)
QUINTA CÂMARA CÍVEL DO TRIBUNAL DE ALÇADA DO RS
RELATOR: DR. ANTÔNIO CARLOS STANGLER PEREIRA

Ementa -O dispositivo do inc. LV, do artigo 5º da Constituição de 1988, a exemplo de outras Constituições Brasileiras, confere ao acusado em geral proteção da ampla defesa e do contraditório, embora sua redação faça referência aos litigantes, em processo judicial ou administrativo, não tem o condão de tornar letra morta o parágrafo único do artigo 740 do Código de Processo Civil. A Câmara não está vinculada a entendimentos jurisprudenciais de julgamento de casos concretos.

Participaram do julgamento além do relator, os eminentes Juízes de Alçada Dr. Vanir Perin e Dr. Paulo Augusto Monte Lopes - Porto Alegre (RS), 05 de setembro de 1989.

AGRAVO DE INSTRUMENTO
(189062797)
QUARTA CÂMARA CÍVEL DO TRIBUNAL DE ALÇADA DO RS
RELATOR JAURO DUARTE GHELEN

Ementa -Exceção de Pré-executividade - Agravo de Instrumento - A exceção de pré-executividade pela excepcionalidade que se reveste (ao deslocar dos embargos à execução a discussão de temas que neles se oportunizaram, para fase anterior a penhora), só pode ser conhecida quando evidente a circunstância de não estar o excipiente exposto ao juízo executivo.

Participaram do julgamento, além do relator, os eminentes Drs. Juízes de Alçada Ernani Graef e Sérgio Müller.

Porto Alegre (RS), 10 de agosto de 1989.

APELAÇÃO CÍVEL
(194257515)
SÉTIMA CÂMARA CÍVEL DO TRIBUNAL DE ALÇADA DO RS
RELATOR - LEONEL PEDRO PALUDO

Ementa - Exceção de pré-executividade - prazo de interposição - objetivando a exceção de pré-executividade a extinção da execução, porque ausentes condições da execução. Não sendo preclusivo o prazo face à regra do § 3º do artigo 267, não se aplica para a interposição o prazo do artigo 652, ambos do CPC.

Participaram do julgamento, além do relator, os eminentes Drs. Juízes de Alçada, Antônio Janir Dall'Agnol Junior, presidente, e Vicente Barroco de Vasconcellos.

Porto Alegre (RS), 22 de fevereiro de 1995.

AGRAVO DE INSTRUMENTO
Nº 40.974- SP

VOTO

O SR. MINISTRO AMÉRICO LUZ (Relator): A regra tradicional no Direito Brasileiro e no de todos os povos civilizados é a de que ninguém poderá ser julgado sem defesa. Dir-se-á, então, que na execução por título extrajudicial, em que não há sentença, dada a força executória autônoma que a lei processual outorga ao próprio título, *per se*, não havendo julgamento, também não haverá defesa, se o executado deixa de embargar. Essa objeção, *data venia*, não resiste a uma análise mais aprofundada. Senão vejamos: o que é ação judicial? Quem possui o direito de ação? O que tem uma pretensão jurídica contra outrem que a ela opõe resistência, e que pede a proteção do Estado, representado pelo Juiz, integrante do Poder Judiciário, com autoridade, constitucional e legal, para compor o conflito de interesses entre autor e réu. Àquele cabe a iniciativa, e a este a defesa. O direito da ação é, pois, na expressão do eminente Professor Hélio Tornaghi, direito subjetivo público, pré-processual, porventura constitucional, de pedir a tutela jurisdicional do Estado, para a proteção do direito material que se considere violado, ou ameaçado de violação, por parte de outrem (*Instituições de Processo Penal*, 2ª edição, Saraiva, 1º volume, págs. 302/303).

Na inovação do Código de Processo Civil, em tema de execução por título extrajudicial, a que se atribui força executória e a eficácia da coisa julgada (artigo 587), sem ser e sem ter sido jamais, se o executado não opõe embargos no prazo legal perde o ensejo de intervir no processo para defender-se e a sua situação torna-se, então, pior que a do revel na ação de conhecimento, na feliz observação de Theotonio Negrão comentando o artigo 680, da nova lei adjetiva (*Código de Processo Civil e Legislação Processual em Vigor*, 8ª edição, pág. 186). Todavia, no sistema do Código de 1974, nem mesmo a oposição de embargos pelo executado constitui meio de defesa, pois que se lhes quer emprestar a natureza de ação incidente. Se o embargante sofre a rejeição de seus embargos, o recurso que interpuser não terá efeito suspensivo da execução que, então, prosseguirá o seu curso, até mesmo com a alienação do bem penhorado. *Quid inde*, se o executado tiver sucesso no recurso interposto à instância superior? Aí, só lhe restará pleitear perdas e danos contra o exeqüente.

Ora, se os embargos são ação e desfrutam da respectivá autonomia, convenha-se que se estabeleceu no sistema processual brasileiro, de 1974 para cá, uma ação às avessas do conceito jurídico vigente em todos os tempos: o réu, que é o executado, assume a posição do autor e este, que na execução é autor, nos embargos se transveste em réu. O absurdo salta aos olhos, *concessa maxima venia*. E infringe o princípio do contraditório, a clássica possibilidade da intervenção do revel em qualquer fase do processo, suprime recursos, o duplo grau de jurisdição, e abole o direito de defesa em sua necessária plenitude (Constituição Federal, artigo 153, parágrafos 2º ao 4º, 15, 22 e 36).

Pontes de Miranda que, ao comentar o Código de Processo Civil de 1939, clarividentemente prelecionou, quanto à ação executiva do artigo 298, ser o despacho inicial, determinando a citação do réu para pagar o débito no prazo legal, sob pena de penhora, metade despacho e metade sentença; que, ao proferi-lo, o juiz se baseou numa cognição incompleta, a completar-se na sentença final, peça indispensável no processo que, à falta dela, seria nulo de pleno direito (*Comentários ao Código de Processo Civil*, edição de 1948, volume III, págs. 80/81). Aliás, a ausência de sentença sempre foi motivo determinante de nulidade absoluta de todo e qualquer procedimento judicial, em Direito Judiciário/Civil e Penal (C.P.P., art. 564, III, alínea *m*).

Por que quebrar, agora, essa salutar tradição, estabelecendo-se um processo em que não haja sentença? Preservar os princípios doutrinários estabelecidos de processo, ação e mérito, de direito de ação, direito de defesa, contraditório, etc. deve ser preocupação do juiz em feitos que pressupõem a constrição de bens do apontado devedor da obrigação reclamada, com evidente envolvimento do direito de propriedade, constitucionalmente protegido!

Mesmo nos procedimentos de jurisdição voluntária (CPC, Título II, Cap. I, arts. 1.103 e seguintes), o juiz está obrigado a proferir sentença, ainda que homologatória, como acontece nas justificações de fatos para posterior produção de prova em ação a ser proposta, nos julgamentos de cálculos do Contador, das partilhas em inventários (procedimentos tipicamente administrativos judiciais), etc. Daí, a classificação doutrinária das sentenças em declaratórias, constitutivas e condenatórias.

O Tribunal tem decidido não ser viável a estipulação de honorários advocatícios no despacho inicial, nas execuções do tipo, de vez que somente poderá ser condenado o executado nas cominações previstas em lei (v.g. Ag. 39.996, Relator Min. Carlos Mário Velloso, 3ª Turma, DJ de 06.02.80).

Note-se que os comentadores das normas dos artigos 587 e 680 do atual Código de Processo Civil, que parecem aceitar a tese da execução sem sentença, passam ao largo dos seus danosos efeitos, sem procederem a uma exegese ampla, cingindo-se à interpretação, embora respeitável, do seu alcance teórico.

Amilcar de Castro, o festejado e saudoso Desembargador e Professor em Minas Gerais, advertiu, ao discorrer sobre o art. 598, do vigente C.P.C., *verbis*:

'Entre a sentença proferida no processo de conhecimento, ou qualquer título executivo extrajudicial e o resultado final da execução, existe uma série intermédia de atos que, conquanto sendo executivos, não são somente executivos, mas também de conhecimento e de variadas verificações parciais. Por isso, Carnelutti assinalou que um dos passos para frente na doutrina do Direito Processual Civil consiste na afirmativa de que há necessidade de contraditório também no processo executivo.

Bellavitis, no mesmo sentido, ensina que um dos pontos mais debatidos e delicados da ciência processual, são os limites do conhecimento no processo de execução, a natureza de tal conhecimento e a sua relação com a verificação contida no juízo de conhecimento.

O contraditório não se extingue no processo de conhecimento, mas projeta-se pelo processo executivo adentro, de envolta com os atos de execução. E a doutrina moderna já pôs à mostra que, na execução, os órgãos executivos são jurisdicionais, e no curso do processo executivo surgem contestações, que devem ser resolvidas, não só sobre a existência da ação executória, como ainda sobre certas medidas executivas. A cognição não se esgota com a sentença exeqüenda. O processo executivo é misto de cognição e execução. Tal como acontece no processo de conhecimento, na execução agem duas partes: a ação é bilateral. E o juiz continuamente encontra-se na necessidade de verificar os fatos e de apreciá-los juridicamente, pelo que o executado participa de vários modos no processo, nem sempre menos que o exeqüente, pois até como embargante, é autor de um processo de conhecimento incidente.

Em tais condições, nada mais lógico e necessário que as disposições que regem o processo de conhecimento sejam aplicadas subsidiariamente à execução' (*Comentários ao C.P.C.*, ed. Rev. dos Tribunais, 1974, págs. 103/104).

A teor do artigo 587 do novo Código de Processo Civil, ao título executivo extrajudicial deu-se maior força que à própria coisa julgada, pois esta impende, em muitas hipóteses, de liquidação que se reveste das mesmas condições da ação (artigos 603 a 611), conquanto aquele não. Vale por si mesmo, discricionariamente, prepotentemente, transformando o juiz, de julgador em mero agente orientador da cobrança, expectador quase impotente, que apenas fiscaliza o desdobramento das fases sumaríssimas do procedimento, impedido de sentenciar, que é o seu real mister.

Todavia, se não houver sentença nas execuções do tipo, quando não intentada pelo executado a 'ação de embargos' no prazo legal, ocorrendo no processo nulidades insanáveis, de que natureza será o ato do juiz para pronunciá-las? É de curial sabença que as nulidades absolutas somente por meio de sentença declaratória, terminativa, ainda que de ofício, poderão ser proclamadas. Vejam, Senhores Ministros, que a ilogicidade, à medida em que o raciocínio lógico-jurídico evolui na análise do problema criado pelo novo Código, entremostra-se flagrante despautério.

Na espécie, além de ser enganosa a afirmação da agravante de não comportar o proferimento de sentença a execução aparelhada, não há lugar para que sustente a ilegalidade do despacho agravado que, cumprindo a lei processual, aplicou norma cogente, a do artigo 9º , II, que é de ordem pública, e nomeou curador especial ao executado revel, no que agiu corretamente.

Mantenho a decisão recorrida.

Nego provimento ao agravo."

(*in Revista Tribunal de Justiça* - 68 abril 1995 pp. 201 a 204)

Bibliografia

ALMEIDA, José Canuto Mendes de. *A Contrariedade na Instrução Criminal*, Dissertação para concurso à livre docência de Direito Judiciário Penal, da Faculdade de Direito da Universidade de São Paulo, 1937.

ALVES, José Carlos Moreira. *Direito Romano*, vol. I, 4ª ed. Rio de Janeiro: Forense, 1978.

ASSIS, Araken de. *Manual do Processo de Execução*, vol. I, Porto Alegre: Lejur, 1987.

BOJUGA, Luiz Edmundo Appel. "A Exceção de Pré-executividade", *in Revista da Associação dos Juízes do Rio Grande do Sul*, Vol. 45, pp. 155 a 166.

BORRÈ, Giuseppe. *Esecuzione Forzata degli Obblighi di Fare e di non Fare*. Napoli: Casa Editrice Dott, Eugenio Jovene, 1966.

BUZAID, Alfredo. *Do Agravo de Petição no Sistema do Código de Processo Civil*, 2ª ed. São Paulo: Saraiva, 1956.

CALMON DE PASSOS, José Joaquim. *Inovações no Código de Processo Civil*, 2ª ed. Rio de Janeiro: Forense, 1995.

CAPPELLETTI, Mauro. "Spunti in tema di contraditório", *in: Studi in memória di Salvatore Satta*, vol. 1, Pádua: Cedam 1982.

CARNELUTTI, Francesco. *Diritto e Processo*. Nápoles: Moreno, 1958.

——. *Instituicione del Processo Civile Italiano*. 5ª ed. Roma: Moreno, 1956.

CHIOVENDA, Giuseppe. *Principios de Derecho Procesal Civil*, tradução espanhola da 3ª ed. Italiana, tomo I. Madrid: Instituto Editorial Reus, 1922.

COLESANTI, Vittório. *Esecuzione Forzata (Diritto Processuale Civile), Novíssimo Digesto Italiano*, vol. VI. Turim: Utet, 1960.

——. *Lezzioni di Diritto Processuale Civile*, vol. V. Pádua: Cedam, 1929.

CRETELLA JUNIOR, José. *Comentários à Constituição de 1988*. Artigos 1º a 5º, Forense Universitária, 3ª ed., 1989.

CRUZ, José Raimundo Gomes da. "A Curadoria à Lide no Processo de Execução", *in AJURIS*, nº 24, pp. 132 a 145.

DINAMARCO, Cândido Rangel. *A instrumentalidade do Processo*, 3ª ed. São Paulo: Malheiros, 1993.

——. *Execução Civil*, 4ª ed. São Paulo, Malheiros, 1994.

——. *A reforma do Código de Processo Civil*, 2ª ed. Rio de Janeiro: Malheiros, 1995.

FAVARETTO, Isolde. *Comportamento Processual das Partes*. Porto Alegre: Livraria Editora Acadêmica, 1993.

GUERRA, Marcelo Lima. *Execução Forçada Controle e Admissibilidade* Coleção Estudos de Direito Processual Civil - Enrico Tulio Liebman - vol. 32. São Paulo: Editora Revista dos Tribunais, 1995.

GRINOVER, Ada Pellegrini. "O Conteúdo da Garantia do Contraditório" *In Novas tendências do Direito Processual*. Rio de Janeiro: Forense Universitária, 1990.

——. "O Processo de Execução e as Garantias Constitucionais da Tutela Jurisdicional", *in Processo de Execução - Estudos em Homenagem ao Professor Alcides Mendonça Lima*. Porto Alegre: Sérgio Fabris Editor, 1995.

LACERDA, Galeno. "Execução de Título Extrajudicial", *in Revista da Associação dos Juízes do Rio Grande do Sul*, nº 23, pp. 7 a 15.

LA CHINA, Sérgio. *L'esecuzione Forzata e la Disposizioni Generali del Codice di Procedura Civile*. Milão: Giuffrè, 1970.

LIEBMAN, Enrico Tulio. *Processo de Execução*, 4ª ed. São Paulo: Saraiva 1980.

——. *Manual de Direito Processual Civil*, vol. I, Tradução de Cândido Rangel Dinamarco. Rio de Janeiro: Forense, 1984.

——. *Estudo Sobre o Processo Civil Brasileiro*, São Paulo: Saraiva, 1947.

LIMA, Alcides Mendonça. *Comentários ao CPC de 1973*. vol. VI, tomo I, 3ª ed. Rio de Janeiro: Forense, 1979.

MARCATO, Antônio Carlos. "Preclusões: Limitação ao Contraditório?". *In Revista de Direito Processual Civil*, n º 17.

MANDRIOLI, Crisanto. *L'Esecuzione Forzata In Forma Especifica*. Milano: Dott. A. Giuffrè, 1953.

MARMITT, Arnaldo. *A Penhora, Doutrina e Jurisprudência*. Rio de Janeiro: Editora Aide, 1986.

MARQUES, José Frederico. *Instituições de Direito Processual Civil*, Vol. V, 1ª ed. Rio de Janeiro: Forense, 1960.

MAZZARELLA, Ferdinando. *Contributo Allo Studio del Titolo Esecutivo*. Milano: Dott. A. Giuffrè, 1965.

MILLAR, Robert Wyness. *Los Principios Formativos del Procedimiento Civil*, Taducción de Dra. Catalina Grossmann, Buenos Aires: Ediar S.A., Original na Língua Inglesa de 1927.

MIRANDA, Pontes. *Comentários à Constituição de 1967*, 2ª ed. Rio de Janeiro: Revista dos Tribunais Editora, 1976.

———. *Comentários ao CPC*, vols. IX, X e XI. Rio de Janeiro: Forense, 1976.

———. *Dez Anos de Pareceres*, vol. IV, pp. 132 e 133, 1975.

MOREIRA, José Carlos Barbosa. *O Novo Processo Civil Brasileiro*, Vol. I e II, 2ª ed. Rio de Janeiro: Forense, 1980.

NERY JUNIOR, Nelson. *Princípios do Processo Civil na Constituição Federal*, 2ª ed. Rio de Janeiro: Revista dos Tribunais, 1995.

NEVES, Celso. "Classificação das Ações". *In Justitia ano XXXVII*, vol. 88, São Paulo, 1975.

———. *Comentário ao CPC*, vol. VII, 2ª ed. Rio de Janeiro: Forense, 1977.

OLIVEIRA, José Sebastião de. *Fraude à Execução*. São Paulo: Saraiva Editora, 1986.

PROVERA, Giuseppe. *Il Principio del Contraddittorio nel Processo Civile Romano*. Università di Torino, Memorie dell'instituto giuridico série II Memória CXXXVII, Stamperia Editoriale Rattero. Via Piria II Torino, 1970.

REDENTI, Enrico. *Diritto Processuale Civile*, vol. III. Milão: Giuffrè, 1952.

REZENDE FILHO, Gabriel José de. *Curso de Processo Civil*, vol. 3º. Rio de Janeiro: Forense.

SANTOS, Moacyr Amaral. *Primeiras Linhas de Direito Processual Civil*, vol. 2, 8ª ed. Rio de Janeiro: Saraiva, 1983.

SATTA, Salvatore. *L'esecuzione Forzata*, 4ª ed. Turim: Utet, 1963.

SILVA, Ovídio Baptista da. *Curso de Processo Civil*, vol. II, 2ª ed. Porto Alegre: Sérgio Fabris Editor, 1993.

———. *Curso de Processo Civil*, vol. I, 2ª ed., Porto Alegre: Sérgio Fabris Editor, 1987.

SILVA, Ribeiro da. "O Contraditório no Processo de Execução". *in Justittia*, Vol. 66, 1969.

TARZIA Giuseppe. "O Contraditório no Processo Executivo". Tradução de Tereza Celina de Arruda Alvim. *In Revista de Processo*, nº 28, ano 7, dezembro de 1982.

THEODORO JUNIOR, Humberto. *Execução de Sentença e a Garantia do Devido Processo Legal*, 1ª ed. Rio de Janeiro: Aide Editora, 1977.

TUCCI, José Rogério Cruz e. *Tutela Processual do Direito do Executado (20 anos de Vigência do CPC)*, Estudos em Homenagem ao Professor Alcides Mendonça Lima. Porto Alegre: Sérgio Fabris Editor, 1995.

Impresso com filme fornecido pelo cliente por:

LA SALLE

Gráfica   Editora

FONE: (051) 472-5899
CANOAS - RS
1998